北京市文物局科研丛书
2016年北京市文物局科研成果出版项目

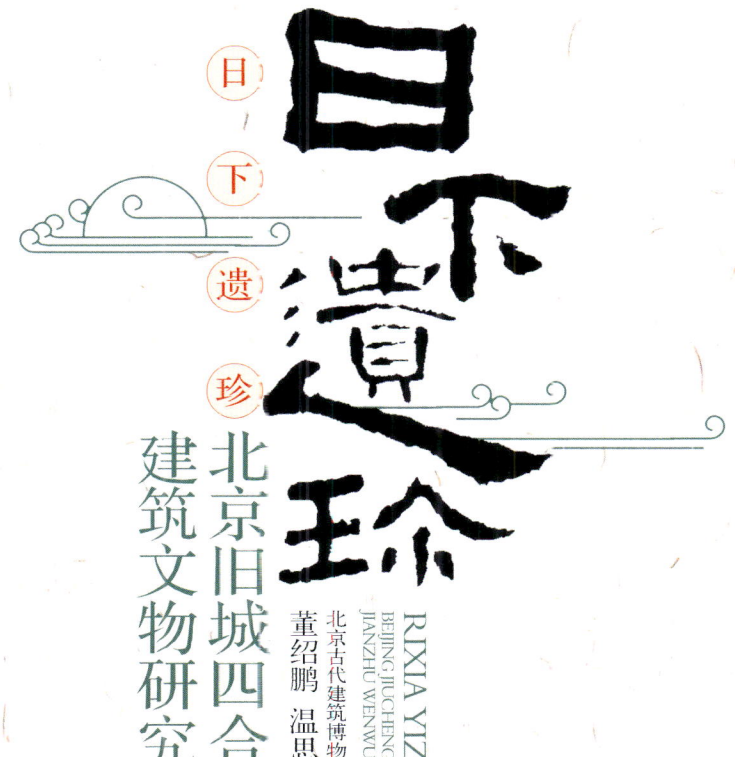

日下遗珍
北京旧城四合院建筑文物研究

RIXIA YIZHEN
BEIJING JIUCHENG SIHEYUAN
JIANZHU WENWU

北京古代建筑博物馆 主编
董绍鹏 温思琦 著

北京燕山出版社
BEIJING YANSHAN PRESS

图书再版编目（CIP）数据

日下遗珍：北京旧城四合院建筑文物研究 / 董绍鹏，温思琦著. -- 北京：北京燕山出版社，2015.12
　ISBN 978-7-5402-4064-6

Ⅰ. ①日… Ⅱ. ①董… ②温… Ⅲ. ①北京四合院 – 古建筑 – 研究 Ⅳ. ①K878.3

中国版本图书馆CIP数据核字(2015)第318968号

日下遗珍
北京旧城四合院建筑文物研究

主　　编	北京古代建筑博物馆
作　　者	董绍鹏　温思琦
项目负责	李满意
责任编辑	王梦楠
责任校对	岳欣
封面设计	闰江文化
社　　址	北京市西城区陶然亭路53号（100054）
网　　站	http://www.bjyspress.com/
微　　博	http://weibo.com/u/2526206071
电　　话	010-65240430
传　　真	010-63587071
印　　刷	小森印刷（北京）有限公司
开　　本	787mm×1092mm　1/12
字　　数	210千字
印　　张	10.5
版　　次	2016年6月第1版
印　　次	2016年6月第1次印刷
定　　价	78.00元
出版发行	北京燕山出版社

版权所有　盗版必究

目录

序言 / 001

北京旧城四合院建筑文物概论 001

01 旧城范围内四合院建筑类文物资源概况 / 002

02 门墩、门楣砖雕、石敢当、楹联门——试述它们的形态及分类 / 004

 一 门墩 /005 二 门楣砖雕 /014 三 石敢当 /017 四 楹联门 /019

03 北京四合院民居建筑类文物——亟待抢救的文物瑰宝 / 020

石质文物 **门墩、石敢当 021**

01 门墩：实用与装饰的复合体 / 022

 一 圆门墩 / 023 二 方门墩 / 038 三 异形门墩 / 050

 四 滚墩石 / 052 五 门枕 / 053

02 石敢当：镇宅辟邪的护身符 / 055

 一 传说的历史性 / 056 二 传说的地域性 / 056

 三 功能起源初探：灵石崇拜及其释义 / 057

 四 石敢当的形态 / 058 五 石敢当崇拜的现实意义 / 062

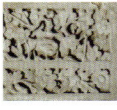

砖雕 **体现住宅主人意趣与彰显财富的华丽装饰 063**

01 门楣砖雕 / 064

 一 阳刻望柱栏板型 / 065 二 阴刻望柱栏板型 / 073 三 仿木结构型 / 075

 四 整体栏板型 / 075 五 挂眉型 / 076

02 墀头砖雕 / 077

 一 博古纹 / 078 二 草木花卉纹 / 079

 三 吉祥寓意纹饰 / 080 四 人物故事纹饰 / 087

楹联门 蕴意人生哲理之座右铭的载体 **089**

一 道德情操高 / 090　　二 诗书敦风好 / 101　　三 圣宠皇恩厚 / 104

四 家声美名扬 / 109　　五 福寿祥瑞到 / 110　　六 太平盛世临 / 112

七 事业家财丰 / 114　　八 其他 / 115

写在后面 / 117

序言

说起北京四合院，带给人们的不仅仅是回忆，还有浓浓的温馨与诗意般的生活感受，这恐怕是现在相当多的朋友们无缘再体验的一种氛围，用时下的话也可以称之为情调。

生长在北京这个古老城市的人们，鲜有没在北京四合院生活的经历。你看，院内的石榴树、海棠树、葡萄架，甚至于一小块空地上，都有可能种上了久远以前人们单调生活中的些许希望，那是对美好生活的一种朴素追求。院子可以不宽裕，但被四面围合在一个貌似封闭的建筑空间内，你也可以是心境坦荡安详的，因为，在这一时空之中，心可以有个避风港湾。

这就是北京四合院给曾经生活在其中的人们带来的感受，而与这感受相伴随的，是建筑上那形形色色的建筑构件，它们或以多姿的形态，或以丰富的图案及文化内涵，时刻渲染着这个港湾家的感觉，提醒着人们家的存在。

这本书，也就是用唤醒家的朴素又平凡的写实，唤醒我们可能已经沉寂的单纯，重新迎接被城市水泥丛林遮蔽的心灵阳光。

一个一生爱护四合院的老人　王其明
羊年初春

北京旧城①四合院建筑文物概论

写在前面 由于当年进行本书内容的调研工作时，北京的行政区划还未调整为时下的格局，为了表述的方便，文中延续北京内城城四区原有称呼，即东城区、西城区、崇文区、宣武区。

作为历史文化名城的北京，旧时的历史文化氛围和文化传统，也就是俗称的老北京文化，主要是依靠今日日渐减少的物质文化载体，辅以非物质文化遗产的技艺传承，再加上种种延续下来的环境、社会风貌、心态等而得以保留延续的。不得不承认，这是历史旧的一页，已然翻了过去，留下的只是些许碎片式的画面，伴随这里成长的每一个老北京人过去的记忆。你不可挽回逝去的一切，但可以珍惜眼前的遗珍。

我曾经度过的岁月，还是有不少值得骄傲的，那就是在全社会如火如荼、翻天覆地改造旧城这一轮"辞旧迎新"中，出于职业感和历史责任感，我利用业余时间挎着照相机，骑着自行车，几乎转遍老北京城的大街小巷，没有疲惫感，没有饥饿感，只希望为我所从事的事业留下一些可值得回忆的历史镜头。从1995年到2000年，6个年头的春夏秋冬、风风雨雨，用并不专业的把玩镜头之技留下一批资料，是为对职业的回报。自然因条件所限，不可能面面俱到把事情做得十分到位，因此也就留下不少遗憾。即便如此，这个工作还是得到了不小的肯定，当年作为业内的一项课题将调研结果加以总结完善，"填补了文物工作的一项空白"，这也算是一个能够让心里得以慰藉的鼓励吧——虽然我做的仍有太多太多遗憾。

总的说来，这些被拆除的四合院及其文物，除了抢救回博物馆的物质遗产成为珍贵的文物可以在那里永远发扬光大，当时拍下但没有抢救回博物馆的物质遗产，只能以图片的形式向世人述说着它们曾经的存在，以图片的形式延续着它们曾经的辉煌与人文内涵，可为研究，更可为人们凭吊与回忆，成为北京这座古都现存的珍贵之物——还好它们的灵魂还与我们同在，成为遗珍。

---

① 本书中北京旧城的概念指原东城、西城、崇文、宣武四个城区。书中类似"旧城"一词的约定俗成的概念，还有"内城""外城""北城""南城"，其中"内城"的范围是德胜门、安定门、东直门、朝阳门、崇文门、正阳门、宣武门、阜城门、西直门围合的区域；"外城"是指右便门、广渠门、左安门、永定门、右安门、广安门、西便门围合的区域；"北城"指原东城、西城二区，"南城"指原崇文、宣武二区。

01 旧城范围内四合院建筑类文物资源概况

为了配合 20 世纪 80 年代末 90 年代初开始的危旧房改造工作，同时更是为了对北京四合院的民居文物进行切实有效的妥善保护，为博物馆收集到具有历史、文化、艺术价值的物质文化遗产，自 1995 年起，北京古代建筑博物馆有计划地对旧城范围内已登记为拆迁区的地域进行调查。至 2000 年夏，以已立项拆迁区为重点，以点带面逐渐铺开至旧城四区的各个角落，基本上摸清了四合院建筑类文物的总量及不同种类文物的分布特征。调查的同时，也为博物馆征集到一批富有特色的北京四合院建筑类文物，为北京四合院保留下一批物质文化遗产，使北京的传统文化在一定程度上有了得以传续的物质载体。

根据调查结果统计，城四区旧城范围内四合院建筑类文物资源主要涵盖以下几类：

- 石　类 / 含门墩、石敢当、拴马桩、地沟门等。
- 木　类 / 含楹联门、门簪、雀替、垂花门木刻、木格扇、地罩，其他木构件等。
- 砖瓦类 / 含大门砖雕、正房及厢房门廊廊下象眼砖雕、影壁砖雕，及瓦当、滴水、砖门额等。
- 杂　类 / 含门钹、铁饰件、象眼泥质图案等。

调查表明

❶ 目前旧城范围内四合院建筑类文物资源存世量上限约为 400 余处（件、套），其中，门墩和砖雕约占资源总数的 80%，楹联门约占资源总数的 18%，其余约占资源总数的 2%。

❷ 分布特色方面。东城区、西城区保留大量完整的门墩、大门砖雕，质地良好者居多，不乏精品。崇文、宣武二区的楹联门数量众多，大门砖雕质地、做工均不如东城、西城二区，且保存完整者较少。

❸ 保存区域条件上的差异。东城、西城二区虽然文物资源较南城具有优势，却面临位于已立项保护区内数量少、位于已立项保护区外数量多的现实，就地保护已是不可能，只能采取易地保护的方式。崇文、宣武二区立项保护区少，崇文区的保护区中集中了不少四合院建筑类文物，如崇文区的草厂地区。相比之下，宣武区已立项的两个保护区均是具有传统商业色彩的地域，而传统居住区或会馆区没有一处得以立项保护，从长远看，这给宣武区这一城南老北京民俗文化发祥地带来的负面影响难以估量。

前述文物资源中，具有相当数量或特色、能够为博物馆收藏、研究、展示的文物资源品种，大致局限于石类（门墩、石敢当）、砖瓦类（大门砖雕）和楹联门。其他则因存世量过于稀少（如门簪、雀替、垂花门木刻、木格扇、地罩、象眼泥质图案等）造成难以分析研究，其中木格扇、地罩存世量上限约十余处，且多为私产，所属者难于查清或避而不见，这类文物由于其罕有性，国有文物部门目前已无法用传统方式加以征集。

本书的"北京旧城范围内"，是指明清北京城"凸"字形城墙轮廓之内的范围。"四合院建筑类文物"，是指直接或间接用于四合院建筑中的，具有建筑构件或建筑装饰性质的各种质地的文物。书中的"文物资源"，指符合为博物馆收藏、研究、展示的基本要求，具有相对完整性、独特性的文物。本书也仅以符合博物馆收藏条件的文物资源，即门墩、门楣砖雕、石敢当、楹联门作为探讨对象，谨此说明。

02

门墩、门楣砖雕、石敢当、楹联门
——试述它们的形态及分类

  四合院建筑类文物，可以说是文物界长久以来忽视的领域。这一领域大部分文字资料，是对其民俗方面内涵的描述。更为严重的是，北京邻近地区（冀、晋、津、辽）许多历史文化名城，近些年也面临去旧建新的城建模式，为各地间文化交往、某一文物类型渊源探究提供明确案例而又数量充足的文物佐证日渐罕有。因此，凭借对旧城四区边调研边思考的浅显认识，结合一些可以采纳的文字参照，同时结合对北京周边地区抽样性调研取得的结果，初步确定了本书的研究的范畴及方法：

- **门　墩** / 重点描述器物形态，结合外在镌刻纹饰进行分类，含门墩、门枕、滚墩石，其中以门墩为重点。
- **砖　雕** / 广义的砖雕指大门砖雕（含门楣砖雕、戗檐砖雕、博缝砖雕、房脊砖雕）、正房及厢房门廊廊下象眼砖雕、影壁砖雕等。结合调研具体情况，确定主要以存世量最多、最具典型化意义的大门砖雕中的门楣砖雕为描述分析对象，进行器物的形态分类，此外还介绍了戗檐砖雕。
- **石敢当** / 描述器物形态，进行分类。
- **楹联门** / 概括综述，解读门联内容。

一 门墩

门墩，在北京地区是一种常见的、具有丰富民俗内涵的建筑文物类型。

作为北方地区民居建筑的典型代表——北京四合院，由于北京明清以来作为全国政治中心，吸纳、融合了不少来自全国各地的人士定居，也带来种种风俗、民俗，因而或多或少也在居住装饰上有所反映，从这一点上说北京四合院也是各地民情风俗汇聚展示之所，同时政府官员官宅及办事机构大量存在，也使许多当时的营造规定在建筑上有所反映。作为大门的重要构件之一——门墩，外在的形态与内在内涵的多种多样也就顺理成章了。门墩实用性、装饰性并重，成为了解老北京民俗的一个侧面。

门墩的现状和分布特色

根据调查，北京旧城范围内门墩的分布呈现出如下情况：

东城、西城二区清代时多为官宅、政府衙门（清晚期至民国时有些转为商号大户、名流之所），这些区域的门墩具有形态、质地、做工、应用等方面的高度相似性，以高度程式化为特色。

崇文、宣武二区，因旧时外省会馆、客栈、商号铺户云集，故门墩的程式化远不如北城二区，表现形式较为多样，外省因素或多或少混杂其中。

调查表明，随着城市改造规模的渐次增大、加速，门墩的消失日益加速，尤其是非立项保护的单体院落或地区，作为建筑构件之一的门墩岌岌可危，不可避免被拆除废弃的命运。目前，可供文物部门收藏使用的门墩上限不及 300 只（数据截至 1998 年进行调查时）。

门墩的基本构造和功能

门墩作为建筑构件之一，主要作用是稳固宅院大门门框、固定大门门轴，间以固定大门门槛，装饰作用是在历史发展中赋予门墩的附属功能。

按宋代《营造法式》一书所载，最早发挥门墩建筑结构学作用的构件，是长条形带门槛槽的石条——门枕石，亦称门枕，这是一切门墩的原初形态，因此门墩也称为门枕石。以后门墩的器身无论做何变化，都是在门枕基础上的繁冗、美化与延展，是在实用基础上额外加以装饰。这一观点，得到著名四合院专家王其明教授的认可。

按著名古建专家马炳坚先生的举例，北京的门墩通常可自上而下大体分为如下几部分：鼓形器身、双鼓形器身卧座、枕形须弥座（含门槛槽及承托门轴的金属海窝）。依形态的不同，各部分的器形外观、高低尺寸、组成多少又有不同。马炳坚先生所述的门墩器形在现存门墩中占有优势数量，这类器身为圆鼓形的门墩，一般情况下甚至是北京门墩的形象代表。其实，这不过是众多形态门墩中的一种，在内城因历史原因（清代时，只允许满族贵族居住，因此官宅众多，而官宅通常使用这类门墩，即圆门墩）保留很多。另一种方箱形器身门墩，内城也有不少分布。在外城，虽然圆门墩、方门墩也有分布，但与内城相比明显质地、做工有一定差距。比如，内城多汉白玉质地的门墩（官宅或府衙、宗教场所使用汉白玉），而外城相对就少有，可见，门墩的分布打上了深深的历史烙印，折射出清代的社会状态。

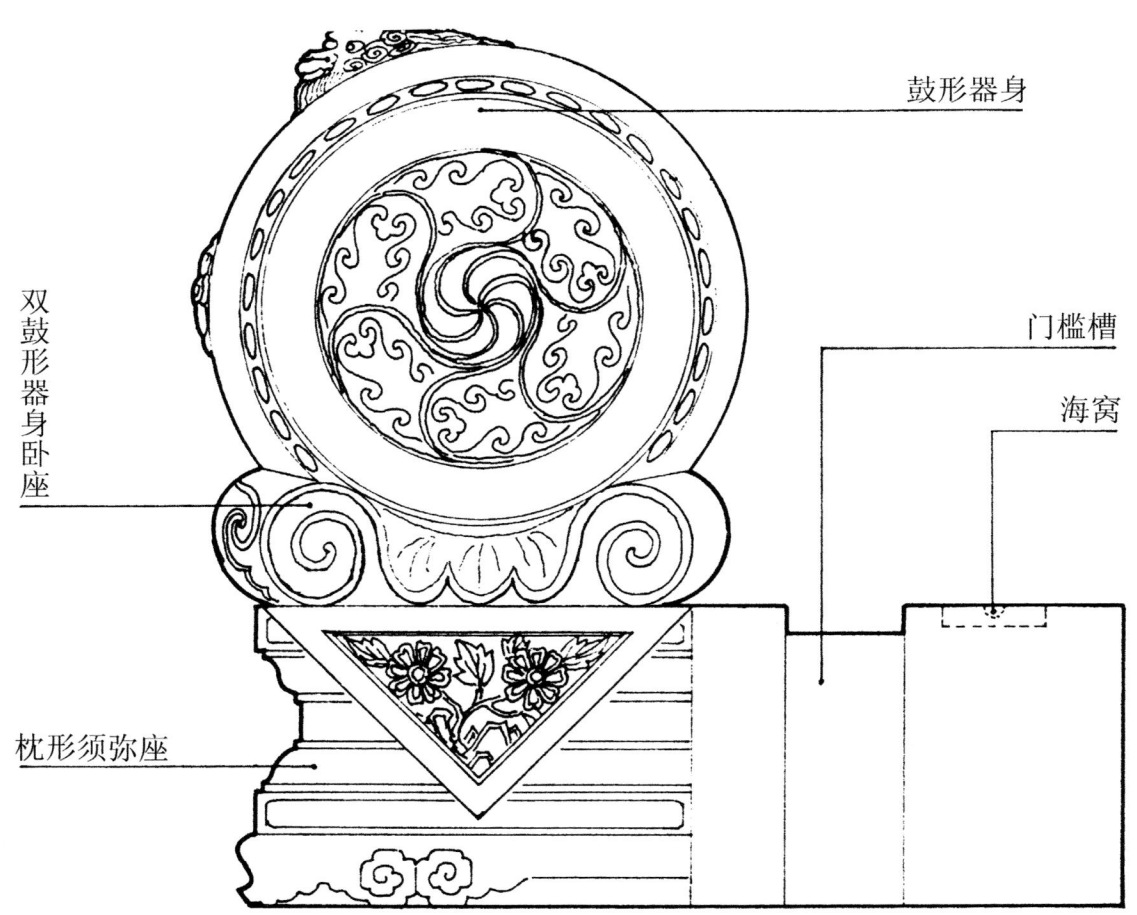

◀ 北京常见圆门墩的基本构造

回 北京旧城范围内门墩的现存形态类别

调查表明，现存门墩形态可分为如下类别，见图示。

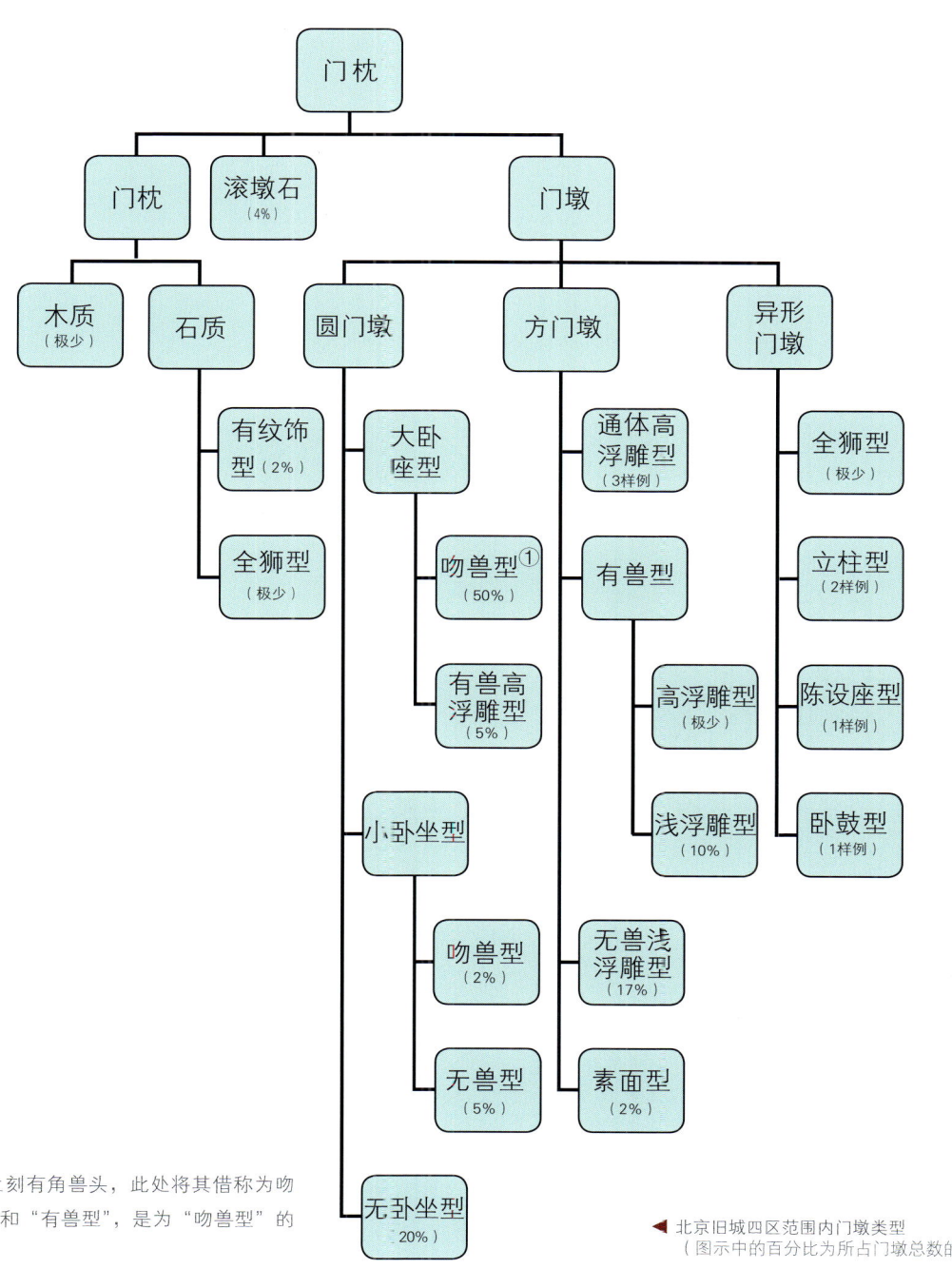

① 因鼓形器身顶上刻有角兽头，此处将其借称为吻兽，以区分"无兽型"和"有兽型"，是为"吻兽型"的由来。

◀ 北京旧城四区范围内门墩类型
（图示中的百分比为所占门墩总数的大致百分比）

回 器形描述

圆门墩大卧座吻兽型：根据前图示，可见圆门墩中的大卧座吻兽型所占现存门墩比重最大，其主要分布处为广亮、金柱、蛮子等形制的四合院大门处（偶有出现在垂花门处），由于这些形制门楼历史上密切的官、绅背景，其门墩质地大多数为汉白玉，大青石质地的不多，此类型的门墩典型形态为由圆形鼓形器身、前后凸出各一个小鼓的卧座和须弥座（含门槛槽、海窝）组成。鼓形器身正面顶部前侧镌刻有角兽头，衔门环；鼓形器身门道一侧图案多为麒麟卧松，另一侧多为转角莲，鼓形器身正面两侧边缘部位镌刻两排等距排列的圆鼓钉；卧座前后各为一凸出小鼓，两侧多为自然下垂之荷叶；须弥座前、左、右三面各有下垂且图案多为锦纹的包袱角，有的包袱角还有下悬的圆形方孔钱。经过调查，确定该类型器为北京地方代表型门墩之一，主要分布于东城、西城二区。

圆门墩大卧座有兽高浮雕型：这类门墩汉白玉、大青石质地均有样例，与前一类型主要区别在于鼓形器身顶部镌刻卧姿或蹲姿兽，有的鼓形器身正面镌刻"五世同堂""狮子滚绣球"等采用高浮雕技法表现的图案。分布地点与前一类型类似，大多数分布于东城、西城二区。

▲ 圆门墩大卧座吻兽型

▲ 圆门墩大卧座吻兽型

▲ 圆门墩大卧座有兽高浮雕型

圆门墩小卧座型：绝大多数分布于南城崇文、宣武二区，北城少有分布，汉白玉、大、小青石质地均有，以汉白玉质地为多。这类门墩图案特色与大卧座型区别十分明显，又分为吻兽型和无兽型，器身通常由鼓形器身、前后凸出不明显的小鼓卧座、三面有雕饰的器座（含门槛槽、海窝）组成。鼓形器身顶部有吻兽或无，鼓形器身两侧图案多为转角莲，卧座的小鼓凸出得很少，器座为方形，通常左、右两个侧面有垂自于卧座的莲叶状包袱角，或无包袱角而代之以水仙、宝相花、麒麟、云、海、山石等图案。该类门墩应用地点多为会馆（伴随的门楼形式多为蛮子门）。需要指出的是，该类型门墩器座图案纹饰较为多样，个别样例的图案样式体现出比其他种类门墩时间更早的年代特征。

圆门墩无卧座型：此类型门墩各方面与圆门墩小卧座型近似，主要区别为整体体量更小，显单薄，无卧座，鼓形器身直接置于器座上，且通体素面者多，绝大多数分布于南城。

▲ 圆门墩小卧座型

▲ 圆门墩无卧座型

方门墩，是调查中发现的数量仅次于圆门墩的第二大类门墩，广泛分布于旧城各处，东城、西城较多，崇文、宣武二区较少。这类门墩器形都有共同点，即器身为竖直长条方箱状，下为须弥座，但座身较低矮，须弥座三面有包袱角，图案为花草。器身有装饰豪华类型，也有普通类型，器身纹饰图案内涵丰富，以水仙、菊花等植物图案，"平平安安""福在眼前""五世同堂"等吉语图案，以及暗八仙等神话故事象征符号图案为主。其中以无兽浅浮雕型和有兽浅浮雕型最具代表性，它们的质地绝大多数为大、小青石，体量多在50~60厘米高。应用地点多在内城胡同、街巷中的平民居所，如如意门等型的门楼处。

方门墩有兽型：又细分为高浮雕型和浅浮雕型。此两型门墩的共同点为器身顶部均有卧姿或蹲姿兽，器身正面、侧面均镌刻花草、吉语或暗八仙等图案；器座为有前、左、右三面带植物纹饰的包袱角的须弥座，但须弥座高度及镌刻的复杂程度比圆门墩大卧座型要低、要简略。两类型门墩不同点为高浮雕型器形通常较大，器身镌刻图案高高浮起，边、角处常施以回字纹、锦纹装饰，突显奢华；浅浮雕型通常体量较小，器身镌刻图案平整，或略微浮起，边、角处无辅助装饰。调查显示，高浮雕型多用于如意门，与门楣砖雕上下相映成辉，图案谐映有致，得体自然，旧宅主人的良苦用心可见一斑。高浮雕型门墩的典型代表见于西城区大六部口胡同，浅浮雕型在诸如小门楼、窄大门、随墙门等四合院大门中出现较多，应为平民之家门墩应用的常例。

方门墩无兽浅浮雕型：除器身顶部无兽形镌刻外，其余与有兽浅浮雕型大体相同，包括图案、体量、应用地点等。

▲ 方门墩有兽型

▲ 方门墩有兽型

▲ 方门墩无兽浅浮雕型

作为方门墩中少数类器型的方门墩素面型和方门墩通体高浮雕型，前者占门墩总数的大约2%，后者在旧城范围内只保留有3个样例。方门墩素面型除表面无任何纹饰图案外，其余与万门墩无兽浅浮雕型相同。方门墩通体高浮雕型作为表面镌刻纹饰图案的极端化类型，通体镌刻狮、麒麟或人物故事、花草等纹饰，镌刻技法夸张，不具备普遍意义。

异形门墩可说是弥足珍贵，它的应用对象也是走向两个极端：全狮型应用于清代王府、衙门或极少数政府机构、官宅，现遗留极少；立柱型、陈设座型、卧鼓型属于"孤品级"门墩，共俱留有4个样例，应用于普通民宅，不具备普遍意义。

▲ 方门墩通体高浮雕型

▲ 立柱型异形门墩

全狮型门墩以汉白玉质地为主，间有大青石质地（现存样例不在大门处）；狮子呈蹲姿、卧姿，有探身状、挺立昂首状；狮身坐落于须弥座上，须弥座三面有包袱角，镌刻图案等同大卧座吻兽型圆门墩或比其更为复杂，体量都不大。

▲ 全狮型异形门墩

▲ 全狮型异形门墩

滚墩石是一类使用场所局限性大的文物，应用于王府、官宅、衙门或大型寺、庙、道观等，其功能为稳固垂花门门楼、稳固木影壁器身等。滚墩石形状颇像两个相反对接的大（小）卧座吻兽型圆门墩，鼓形器身下陷程度不一，器座为方形。镌刻纹饰图案以转角莲、"狮子滚绣球""麒麟卧松"等大卧座吻兽型圆门墩常用图案为多，器座四周通常饰以缠枝莲。较为有特色的是，有的滚墩石双鼓之间的纹饰往往十分精致，镌刻人物、

▲ 滚墩石

▲ 滚墩石

▲ 门枕

狮、兽等栩栩如生的形象,根据其外观,也有人称其为"双抱鼓石"。因其历史上使用场所较少,现今已十分罕见。

门枕,如前所述,从渊源来说,门枕应为一切门墩的原初形态,可以看作是去掉器身装饰性内容的门墩。它们体量小巧,质地有木质、有石质,多见石质,而石质又多选用经久耐用、易于雕凿的汉白玉,在枕身正面镌刻图案,或干脆做成素面,以小巧的器身起到承载、固定大门之目的。虽稳定性不如门墩,但对于居住在小门楼或随墙门形式等大门体量小、门靠自重相对较小的四合院里的百姓来说,倒也够用。从调研来看,现存石质门枕均分布于崇文、宣武二区,东城、西城原有分布,近年已逐渐拆除、消失。石门枕的装饰图案,多为花草类植物图案,也有仿圆门墩须弥座部分装饰的,即将整个门枕前半部器身镌刻为须弥座,且前、左、右三面均有刻锦纹图案的包袱角,并坠有圆形方孔钱。2001年以前的调查中,东城区裱褙胡同的一对石门枕为门枕中的精品,可见部分镌刻有麒麟、仙马等瑞兽,构图形象生动。这一样例的图案,与在晋中、晋西南抽样调查中取得的样本具有高度的一致性,据此推测这一类样例应受山西地区镌刻图案风格的影响。

二 门楣砖雕

作为旧时四合院的一道亮丽风景，门楣砖雕无疑是最为引人注目的北京四合院建筑类文物。截至1997年，北京旧城范围内尚遗存百余处门楣砖雕，以东城、西城最多。王其明教授认为，门楣砖雕的产生多在19世纪中叶之后，即清代即将灭亡前的60年左右。这一时期，也是北京四合院大门主要形式之一如意门产生的阶段，政治、经济因素的交融，促使门楣砖雕伴随着它的主要依托——如意门的大量产生而产生，成为晚清至民国时期北京四合院的一种极为典型、重要的实用与美观相结合的装饰性建筑构件。调研结果印证了王教授的观点，多数门楣砖雕出现于如意门上，这些如意门用广亮大门或金柱大门改制而成，将原余塞墙（木板墙）拆除，大门外移至檐柱下，余塞墙改用灰砖重新砌造，过木之上砌出门楣砖雕。因调研中包含了一些非如意门门楣砖雕样例，本文只针对门楣砖雕的自身形态、纹饰及分类进行阐述，不涉及该类器物所属的四合院大门类型的定名问题。

器形描述

作为清晚期至民国时期的一种建筑装饰，门楣砖雕的建造目的与其出现年代的政治、经济背景密切相关。清末，一些满族贵族家境衰败，逐渐暗中将房产分割出售予商贾，而商贾阶层无居官宅之权，便纷纷更改大门借以掩饰，亦借砌造砖雕对富有身份进行炫耀。渐至民国，前清官贵更是大量出卖房产，一些名流、商贾因此大举买进，其中一些人在门楣砖雕上下足功夫，借以显示其志趣与富有。为此，门楣砖雕外在形式与图案内容便多种多样，宗旨围绕着"言必有意、意必吉祥"，这构成了门楣砖雕产生的主要文化背景。

现存门楣砖雕可归纳为以下几种类型。

阳刻望柱栏板型：这一类型以望柱、栏板为主要结构特征，以阳刻手法，施以半透雕、局部透雕工艺，内容呈现多样化。该类型砖雕构成北京四合院砖雕的主体，现存的精美砖雕代表即存在于此类型之中。此类砖雕按照所刻内容又划分为博古类、花草类、吉祥类、几何纹饰类、人物故事5类。这类门楣砖雕做工精细、手法圆润、形象处理得当，所雕器身层次分明，自上而下依次有望柱/栏板、须弥座、挂眉、如意头4个层次，以望柱/栏板为表现中心（前述博古等5类内容指的就

▲阳刻望柱栏板型

▲阴刻望柱栏板型

▲整体栏板型

是此处表现的内容)。这一层次以下的3个层次，其表现内容多与第一层次不同，或是花草图案，或是锦纹图案，尤以挂眉这一层次突出，多以花草内容为多，偶有素面，为次主题表现区。依据门楼体量不同，也有将须弥座只做出收腰上半部的样例。

阴刻望柱栏板型：这一类型亦以望柱、栏板为主要结构特征，以阴刻手法，施以简单浅雕工艺，内容多以梅、竹、松"岁寒三友"及兰花、水仙、菊花为主。该类型分布上具有一定特点，分布在东城、西城的与到该类型总数的八成以上，雕饰内容则如前所述，以松、竹、梅、兰等花草为主，表现形式上多为一块栏板一种花草，望柱有无花草均有样例。此类门楣砖雕图形虽简单，但线条简练不失写实，其器身层次大抵与阳刻望柱栏板型相似，不同的是第二层次须弥座部分大大简化，一般只做出须弥座收腰的上半部。此类门楣砖雕同样以望柱／栏板为表现中心，以下层次多以素面形式出现，偶在挂眉这一层次以花草图案加以表现。

整体栏板型：这一类型以阳刻手法，在主题表现区去掉望柱，其余与阳刻望柱栏板型大体类似。这类砖雕由于去掉了望柱，因此栏板看起来一气呵成，容易表现整幅或连续的几何图案，也可看成是"阳刻望柱栏板型"的一种特例。此类型存世数量不多，约占存世砖雕总数的10%。

仿木结构型：这一类型在20世纪90年代初尚遗存3处，目前只遗存于西城区一处、崇文区一处（该样例砖雕形式过于单薄）。主要表现形式为将门楣部分用砖刻的屋檐砌造而成，仿佛屋檐套屋檐，目前西城区这一极富代表性的完整样例亟待整体加以保护。我们在晋西南地区做抽样性考察时，偶见当地有此形态砖雕，推测应为自山西地区流传而来的类型。该型门楣砖雕在京西抽样性考察时亦见有相似样例，如爨底下。这一现象显示出，京、晋之间的地区（晋中以东地区、河北西北部地区、北京西部的永定河以西地区）有可能是该类门楣砖雕的流传地区，理论上说应有一定数量的保存样例。

只表现挂眉部分的"挂眉型"门楣砖雕。该型砖雕用在以小门楼式大门为主的四合院，数量极少，雕刻内容以花草为主，偶有锦纹类图案，约占现存总数的不足3%，雕刻技法与前述相同。

以上为目前遗存的5种北京四合院门楣砖雕类型。随着现在样例的不断减少，除第一、第二两种类型存世量较多外，其余类型每日都面临消失的境况。

回 现存门楣砖雕与周边地区之关系

通过对邻近的河北、山西几个地区的抽样调研，发现北京旧城区域现存之门楣砖雕在冀、晋地区几乎没有找到与之相同的样例，仅前述仿木结构型砖雕在山西西南地区见到过相近样例，因此，上述前四种类型砖雕可以推测为北京本地所有。

▲ 仿木结构型

▲ 挂眉型

三 石敢当

石敢当，也被称为"泰山石敢当"或"敢当石"，是旧时为辟邪、辟冲而立的一种具有镇符性质的建筑附属石刻，常附着于住宅外墙与胡同口、路口或桥梁道口相对处，有镶于墙体内的，也有贴附在墙面的，有悬置的，也有半埋置的，均直立，调研中未见对立桥头的样例。石敢当现存个体上限为30件。

回 器形描述

兽镇型：为典型器形。兽镇，也称虎镇，其器身为一长条石板（汉白玉或大、小青石），石板上方约占器高 1/4 至 1/6 处镌刻兽头（虎头），兽头下方镌刻"泰山石敢当"五字，字体多为楷体。此类型石敢当有器身悬置埋于墙身的，也有器身半埋于墙下的。考察表明，器身用料与其所在建筑旧时官阶等级无明确关联。

平板素面型：这一类型器身大体为一平板石材凿成，但器身顶部形态有所区别（见下图）。器身有镌刻"泰山石敢当"的（字体为楷体），也有素面的；材质不尽相同，以大青石多见；多半埋附于墙体外侧，调查中有三四个成一排排立的素面型石敢当，实用性强。平板型石敢当存世数量虽较多，但因与兽头型相比典型化特征不突出，故没有引起太多注意，属消亡最快类型。同前一类型相仿，此型用料与所属宅院旧时的官阶等级无明确对应关系（西城区醇亲王府南府的现存实例确为汉白玉所制，不过只是孤例）。

▲ 兽镇型　　▲ 平板型石敢当顶部的不同形态示意（侧视）

特异型：调研中，发现极个别的形态特异的样例，因其数量稀少，难于推断其制作动机，根据其形态来看，与某些古建筑墀墙迎面石类似。

以上是旧城区现存石敢当器物形态描述。因现今城市变化巨大，除醇亲王府南府北墙之石敢当的体量能与其附属建筑成对比印证外，其余各处石敢当与其附属的建筑物的体量比例已无从知晓。同时，在对北京邻近地区的抽样性调研中，发现兽镇型石敢当现已十分罕见，但平板型石敢当经过抽象简化后，以在墙面糅字或小石板刻字等形式广泛存在于民间，可以看成现今社会环境下民俗继续传承的一个绝好例证。

▲ 平板型

▲ 特异型

四　楹联门

从建筑布局上看，宅院大门是保证家宅平安的一道重要实用设施，也是区分住宅内与外的分界线。宅门的实用性决定了它厚重、结实、稳固的特性，毕竟，保障实用性是第一要务。结构上，宅门通过上下门轴中的下轴落在门枕的海窝中，由门枕承托其重量，固定其位置，同时上门轴通过大门上门框内侧圈定其位置，只定位而不起到任何承重作用。必要时，大门可临时拆下，作为"担架"使用（如旧时有人过世，通常使用拆卸宅院大门门板抬运逝者的方式）。

后来，人们不满足于宅院大门的一般实用性，开始在看似宽阔平整的门板上镌刻文字，或用油漆涂写文字，借物抒怀，一抒心境。这成为家宅的又一亮丽景象，它绝不仅仅是装饰，最主要的是前面所说的传统文化中借物言志的文人情怀在此得以展示，这种大门就是楹联门。通过门联，宅院主人的文化素养、人生理念、价值观等文化内容，基本可以高度窥览，方便了世人"人以群分"的社交需求，成为一个特殊的文化名片。

由于楹联门的文字书写方式只存在简单的镌刻和髹漆两种形态，字体通常采用隶书、楷书、篆书、行书等常见的字体，因此本文只对其丰富的楹联内容进行阐释，而对门联的载体——门板不做阐述。也就是说，楹联门这类文物的价值体现在其楹联文字内涵上。

关于楹联内容的阐释，见后文详细描述。

北京四合院民居建筑类文物
——亟待抢救的文物瑰宝

王其明教授在《北京四合院》一书中提出，北京四合院及其文化因素大抵有3条辐射路线或称文化因素来源路线：一为北京—保定—邯郸—洛阳一线，二为北京—井陉—太原—晋西南一线，三为北京—山海关一线，夹在北京、山西之间的太行山麓区域是北京与山西以及更为遥远的陕东地区之间的文化过渡区域，这一情况在门墩、门楣砖雕类型及渊源研究中尤显重要。北京四合院民居建筑类文物林林总总，本文不过是以其中几类遗存数量最多或特色最明显的文物为典型代表，初步对其进行类型分析，对其镌刻图案的民俗内涵及与周边地区渊源关系进行描述和试探性分析。

近十几年随着城市改造的进程，使得四合院文物的对比研究（比较类型学研究）缺乏物质实证，这从我们对河北张家口、保定、曲阳、鹿泉、赵县、邢台、邯郸、武安、河间、衡水、景县、沧州、灵寿、行唐、献县、山海关、井陉、涉县，及山西新绛、绛县、曲沃、侯马、霍县、洪洞、翼城等晋西南地区的抽样调查来看，不幸得到了印证。如此广阔的北京临近地区，民居建筑文物消失得如此迅速，这就更加凸显出北京旧城范围内现存四合院民居建筑类文物的可贵。但愿这些文物瑰宝能够得到积极的拯救，不为后代留下遗憾。

石质文物

门墩、石敢当

01

门墩
实用与装饰的复合体

"小小子儿,坐门墩,哭着喊着要媳妇儿……"门墩,是对承载门框和门扇的门枕石的俗称。门枕石就是枕在大门下边,起到固定、支撑门框、门轴作用的建筑构件,所以称为"门枕石",它应用于四合院大门、二门(垂花门)等有门处的门框下,而门墩是老北京人对门枕石的亲切称呼,体现着北京地方特色文化。

清代顺治年间,清政府实行满汉分治,内城留作满人居住,汉人及商民迁至外城。这一政策的实施,直接导致北京四合院分布具有明显的区域性。王府多集中在内城西北、东北,较好的四合院多分布于内城以及崇文门、宣武门一带。内外城根和外城大部分区域多分布一些一进、两进的四合院,多户居民合用一院。

作为四合院重要的建筑构件之一,门墩的形制、大小、材质也受到北京四合院分布特征影响而呈现出不同特点。北城门墩质地、做工精良,纹饰刻画细腻,但形制高度程式化,以体现等级的森严。南城多分布一些外省会馆、客栈、商铺等,因此门墩表现形式多样,还间杂一些外阜文化因素,但从整体来说石质质量、雕工等方面都不如北城。

四合院门墩不光起到固定大门的作用,因为其处于四合院大门处,位置显要,它彰显着主人的身份和地位,门墩表面很自然地成为了装饰重点,因此装饰作用是门墩逐渐演变过程中被赋予的附属功能。露出门外的这一部分,通常雕刻有中国传统吉祥图案、民间故事图案、宗教典故图案等。这些图案往往蕴涵着丰富的吉祥寓意,迎合了人们追求吉祥幸福生活的心理。可以说门墩上的图案,是了解中国传统文化尤其是民俗文化的一个重要载体。本部分中介绍的各类图案纹饰,若不做单独说明,均指圆形鼓身侧面的图案。

一 圆门墩

圆门墩鼓身侧面图案多镌刻转角莲（"连年有余"）、"狮子滚绣球"、"麒麟卧松"等各种图案。这类门墩多分布于北城，显示出高度程式化的特点。

回 连年有余

以"连年有余"为主要纹饰的门墩在北京地区最为常见，鼓身雕刻转角莲形象。中国人自古爱莲，因为莲花象征着出淤泥而不染的高洁品质。外形来看转角莲的造型又与鲇鱼形象相近，因"莲"与"连"谐音，"鲇"与"年"谐音，"鱼"与"余"谐音，就构成了中国传统吉祥纹饰"连年有余"。

鱼，作为装饰纹样数千年前就在陶制品上出现了，鱼的繁殖力强，象征着多子多孙，而"鱼"又与"余"同音，中国人自古讲究的就是一个"有余"了，年年有余、富贵有余、吉庆有余……都是人们所祈盼和追求的，正是鱼有这么多的美好象征意义，因此成为了中国传统吉祥图案当中不可或缺、极其重要的一个纹饰，经常出现在人们的家居装饰当中。

▲ 东城区东四十三条76号

▲ 东城区黑芝麻胡同13号

1. 西城区武定胡同30号
2. 宣武区菜市口胡同17号
3. 宣武区醋章胡同22号
4. 崇文区长巷二条18号
5. 崇文区南官园胡同35号

回 狮子纹

　　狮子这一动物是舶来品，而且性格凶猛，但是狮文化却在中国这片大地上生根发芽，同中国土生土长的龙凤文化一样深深地渗入到百姓的日常生活当中，成为中国传统文化的一部分。自古狮子就是权力与威严的象征，因其是佛教当中的护法神兽，同时可以驱邪辟秽，因此狮子成为吉祥图案中最为常见的一种，并且通常在宫殿、寺庙门前作为护门神兽出现。

　　狮子这一形象并不是家家户户都可以随意雕刻的，它的使用有着严格的官职等级限制。明清之际，狮子形象为二品武官官服所缀补子，因此往往只有武官的家宅才可以雕刻以狮子为纹饰的图案，往往雕刻在宅院显要部位，如门墩、戗檐上，彰显着主人的威严和权力。

▲ 东城区黑芝麻胡同13号

▲ 西城区新文化街211号

九世同居

左右两只门墩鼓身顶部分别镌刻有一卧姿石狮,鼓身正面及侧面的一只大石狮上镌刻3只小石狮,另一只大石狮上镌刻有4只小石狮,共9只狮子,"狮"与"世"谐音,意为"九世同居"。

"九世同居"讲的是张公艺的故事,《新唐书·孝友传序》记载:"张公艺九世同居,北齐东安王永乐、隋大使梁子恭躬慰抚,表其门。"张公艺是唐代名人,历经北齐、北周、隋、唐四代,99岁时无疾而终。张公艺自幼有德,九代同居,合家九百人,是我国历史上治家有方的典范。他九辈同居,和睦相处,千年以来备受世人尊敬,传为美谈。而老北京人讲究的就是全家几代人居住在一起,可以说"九世同居"表达的是北京人对家庭的倚重和鸿福齐天的祈盼。

▲ 崇文区长巷三条26号

▲ 东城区北锣鼓巷95号

狮子滚绣球

此图案为雌雄二狮相戏时，狮毛缠绕在一起，结成球。民间认为小狮子便是从滚而成球中产生的，寓意喜庆、吉祥。据《汉书·礼乐志》所载，汉代民间就开始流行一种狮舞，两人合扮一狮，一人持彩球戏之。古代视绣球为吉祥喜庆之品，认为狮子顺利咬住封包是将有喜事上门的吉兆，所以俗语有"狮子滚绣球，好事在后头"的说法。"狮子滚绣球"纹饰是继"连年有余"纹饰之外圆门墩鼓形器身侧面最主要的纹饰。

▲ 西城区前细瓦胡同11号

▲ 宣武区粉房琉璃街115号（梁启超先生结婚处）

1. 西城区东廊下胡同3号
2. 西城区王府仓胡同2号
3. 西城区王府仓胡同29号
4. 东城区辛安里28号

回 如意云纹

如意最早是一种人们用于搔痒的工具，柄端做成手指之形，比喻手所不能至，搔之可如意，故称"如意"，俗称"不求人"。以后的演变中，如意逐渐丧失了实用器的功能，演化为赏玩之物，柄端改成灵芝形或祥云形。因"如意"二字同人们表达美好祝愿的"如意"一词相同，因此作为实用器和把玩器的如意就成为寄托人们万事顺利、吉祥如意愿望的表征符号了。如意作为吉祥之物，在民间及宫廷中都有广泛的使用。隋唐时期将卷云纹和如意相结合形成了我们今天看到的如意云纹。古人认为云是吉祥和高升的象征，如意云纹体现了人们对美好生活的愿景。

▲ 西城区藕芽胡同甲21号旁

▲ 东城区山老胡同32号

回 麒麟纹

　　麒麟，中国传统瑞兽，与凤、龟、龙共称为"四灵"，集狮头、鹿角、虎眼、麋身、牛尾、龙鳞为一体，主太平、长寿、祥瑞，是仁慈、吉祥、美德的象征，只有在太平盛世时才会出现，因此古人称其为仁兽。中国传统民俗中，麒麟被制成各种饰物或摆件用于佩戴或安置家中，以祈福安佑。民间传说麒麟还有送子之职，它会给那些积德而无子嗣的人家送来儿子，使这些人家繁荣昌盛，子孙万代。在门墩装饰中，麒麟这一形象通常与海水、岩石、松树一同出现，麒麟、海水、岩石构成了"海水麒麟"纹，该纹饰为明清时期一品武官官服所缀补子，海水、岩石有"海水江崖，江山永固"之寓意，将其雕刻在门墩上明显寓意着官运亨通。麒麟与松树构成了"麒麟卧松"纹饰，麒麟主祥瑞，松象征长寿，"麒麟卧松"寓意着瑞气常存。

▲ 东城区大经厂西巷

▲ 宣武区南横东街南横街粮店

1. 东城区红星胡同7号
2. 西城区光彩胡同27号
3. 东城区大兴胡同19号
4. 西城区光彩胡同39号
5. 西城区后泥洼胡同4号
6. 东城区金鱼胡同秋石西餐厅

回 宝相花纹

宝相花又称宝仙花、宝莲花，是我国传统吉祥纹样之一，它是将多种自然形象组合加工后产生的纹饰。佛教中将佛的庄严形象尊称为"宝相"，宝相花纹饰是伴随着佛教在中国的盛行而开始流行起来的，因此它是一种带有浓郁宗教色彩的纹饰。纹饰由多种花卉组成，比如象征富贵的牡丹，象征纯洁的荷花，象征坚贞的菊花，又常在花蕊部位装饰些小圆圈象征珠宝，在花朵边沿附加小花、小叶，整体上看花瓣多层次地排列，使图案具有雍容华丽的美感。宝相花含有吉祥、美满的寓意。

▲ 东城区雨儿胡同10号

▲ 西城区翠花街7号

回 暗八仙纹

　　该类图案因为不直接出现道教中八位仙人形象，只出现其对应的所执法器，所以有"暗八仙"之称，八仙所执的法器又可称为"道家八宝"。八仙，是指民间广为流传的道教八位仙人，即铁拐李、钟离权、吕洞宾、何仙姑、蓝采和、张果老、韩湘子、曹国舅，八位仙人分别手持葫芦、扇子、宝剑、荷花、花篮、鱼鼓、笛子、阴阳板。因八位仙人都是凡间得道，因此深受百姓的喜爱，代表着人间的男、女、老、少、富、贵、贫、贱。根据八仙演化出的故事不胜枚举，像八仙过海、八仙献寿等，因此其形象经常出现在刺绣、绘画、瓷器之中。暗八仙纹饰在民居中应用较多，表示神仙来临之意，象征吉祥。八种法器分别代表了不同的涵义：葫芦，可救济众生；扇子，能起死回生；宝剑，可镇邪驱魔；荷花，能修身养性；花篮，能广通神明；鱼鼓，能占卜凶吉；笛子，使万物滋生；阴阳板，可静化环境。

▲ 西城区手帕胡同77号

回 鹿

鹿，性温顺，为纯善之兽，"鹿"又与"禄"同音，禄有福气之意，在《诗经·大雅·既醉》中有云"天被尔禄"，意思为天施予你们福气。而禄最被大家广为知晓的一层含义就是古代官吏的薪俸了，高官厚禄，是那时多少人的追求。古代先民赋予了鹿这一形象特定的含义，寓意官运亨通，象征着发财致富。

鹿与其他动物、植物组合，又形成了许多吉祥图案。如鹿与福、寿二字搭配称为"福禄寿"，鹿与仙鹤搭配称为"鹤鹿同春"；一鹿回头，一鹿相望顾盼，因"鹿"与"路"同音，因此称为"路路顺利"。

▲ 西城区友爱巷15号

▲ 西城区温家街1号

回 草木花卉纹

图案以松、菊、梅等花草为主，圆门墩上镌刻草木花卉纹并不是常例，这类门墩多集中于会馆以及普通民宅居多的南城。

▲ 崇文区长巷二条20号

▲ 宣武区北半截胡同15号

1. 宣武区北大吉巷20号
2. 西城区西绒线胡同94号
3. 西城区鸦儿胡同54号
4. 宣武区红线胡同47号
5. 宣武区输入胡同6号

回 天马、海马纹

　　天马与海马为古代神话中吉祥的化身。天马意为神马，形象为一只奔跑的马。奔马在中国古代一直是威严和武力的象征，同时也象征着尊贵。海马纹主要由海水、岩石以及回首的马构成，海马象征忠勇与吉祥、智慧与威德，并且海马还是明清时期九品武将补服前后所缀补子，因此海马纹装饰的门墩多应用于武将之宅。

　　将天马、海马雕刻在门墩上寓意着官运亨通。

▲ 西城区民康胡同29号

▲ 西城区新昌胡同19号

二 方门墩

方门墩较圆门墩来说程式化程度低，因此器身纹饰图案不论从刻画内容上还是从内涵表现上都更加丰富，主体图案以水仙、菊花等植物图案、"平平安安""福在眼前"等寓意吉祥的图案以及暗八仙图案为主。

回 平平安安

图案通常为一方案，方案上立一宝瓶或是花瓶，"瓶"同"平"音，"案"与"安"谐音，两个图案组合起来就构成了传统吉祥纹饰之一的"平平安安"。这一传统吉祥图案还可以通过与不同物品的组合演化出更多的吉祥图案，如宝瓶或花瓶与鹌鹑和如意组合在一起寓意"平安如意"，宝瓶或花瓶与钟铃组合在一起寓意"众生平安"。

▲ 西城区新文化街135号

回 蝙蝠

蝙蝠这种动物，其形象并不美好，身像老鼠，两侧有薄膜般的翼，给人可怖阴森之感，因为怕见光，蝙蝠白天躲在暗处。但是在中国传统的吉祥纹饰中，蝙蝠纹饰却成为存在时间长，寓意最丰富的纹饰之一。其原因为何？在我国传统社会观念中，无论是皇家还是平民，此生的追求大多就是吉祥如意、万事平安、富贵安详，因此但凡飞禽走兽、奇花异木，只要形、音、义中的任何一项能够与喜乐吉庆的事物相联系，都能拿来所用，可以说蝙蝠就是这种情况的典型代表。"蝙蝠"有个好听的名字，确切地说是它的名字有个好听的谐音，就是"遍福"，遍地是福，谁人不愿呢？其简称"蝠"，与"福"谐音，因此人们以"蝠"表示福气，表达了人们对幸福美满生活的热切渴望。因此人们将蝙蝠的形象艺术化，创造出具有吉祥寓意的形象，作为官宦、富商、普通家庭和氏族的保护神，于是蝙蝠形纹饰就出现了，并且在工匠的美化之下，蝙蝠也没有那么可怖了，甚至有些可爱。

福在眼前

这类图案为倒悬或飞翔中的蝙蝠衔着古钱一枚或两枚，"蝠"与"福"同音，"钱"与"前"谐音，而且中国古代钱币为外圆内方，借孔寓眼，意即眼前。"福在眼前"是一种美好的祝福，希冀全家福祥富贵。

▲ 西城区东松树胡同7号

▲ 东城区五道营胡同55号

▲ 东城区永康胡同

▲ 西城区小院胡同5号

五福捧寿

民间绘画中常画五只蝙蝠，以"五蝠"代表"五福"，意为五福临门。五福，一曰寿，二曰富，三曰康宁，四曰攸好德，五曰考终命（《书·洪范》），意思是长寿、富贵、康宁、好者德、善终不横夭。"五福捧寿"图案为五只蝙蝠围绕一寿字或是寿桃，寓意多福多寿，是民间广为流传的一种传统吉祥图案。

▲ 东城区国子监街82号（近大门一面）

回 云纹

▲ 西城区宫门口三条9号

▲ 崇文区草厂二条22号

▲ 宣武区北大吉巷47号

回 天马、海马纹①

1. 东城区红星胡同38号
2. 东城区东四八条18号
3. 东城区洋溢胡同47号
4. 宣武区法源寺后街20号

① 不同类型的四合院建筑文物上会采用纹饰类型相同的装饰。例如在圆门墩和方门墩都采用了天马、海马纹，其纹饰的寓意是相同的，故书中不对相同类型的纹饰做内容上的重复说明。

回 草木花卉纹

草木花卉纹纹饰通常雕刻的植物花卉有梅、兰、竹、菊、松、牡丹、玉兰等。

梅，有报春花之称，开在冬春交际之时，可谓是凌霜傲雪，同时古人认为梅还有"四德"之说："出生为元，开花如亨，结子为利，成熟为贞。"意思就是梅花发芽代表万物更新，开花了代表事事亨通，结子代表处处有利，成熟代表一生圆满。

兰花，古人认为兰花的气质与君子是接近的，兰花香气清幽，象征着人的清幽品质，因此人们称兰花为花之君子。文人通过兰花来寄予自己的情感和节操。

竹，象征清高有节。苏东坡曾说宁可食无肉，不可居无竹。中国古代文人更是将竹视为君子。

菊花寓意贞洁隐逸的高尚品格，自从陶渊明的诗句"采菊东篱下，悠然见南山"开始，菊花便被赋予了隐士的象征，是中国古代文人气节和高洁人格的真实写照。

松为百木之长，霜雪不凋，千年不殒，因此松成为了长寿与有志有节的象征。

因为梅、兰、竹、菊四种花卉品质分别代表傲、幽、坚、淡，习惯上被人们称为"花中四君子"。"花中四君子"是中国人以物载情、以物言志的代表，其清雅淡泊的形象，一直为世人所钟爱，在传统文化中成为人格品性的象征。

松、竹、梅被人们习惯上称为"岁寒三友"，寓意做人要有品德、志节，因此"岁寒三友"图案象征着常青不老、生命力旺盛和傲霜斗雪、铁骨冰心的高尚品格。"岁寒三友"中将"松"替换为"石"，梅花、瘦竹、文石就构成了益人心智的"三益之友"，苏东坡就曾题写过"梅寒而秀，竹瘦而寿，石丑而文，是三益之友"。

牡丹，中国的国花，花朵丰腴，色彩艳丽，品种繁多，有花王之称，是国色天香的富贵之花，因此它象征着富贵与吉祥。

玉兰，早春开放，有芳香，白玉兰洁白如玉，因此玉兰常常用来比喻春天。

▲ 东城区盛芳胡同1号

▲ 西城区兴华胡同11号

▲ 宣武区北大吉巷16号

▲ 东城区永恒胡同6号

▲ 西城区大院胡同25号

▲ 崇文区草厂二条17号

▲ 东城区育群胡同7号

▲ 崇文区长巷三条52号

▲ 东城区灯草胡同37号

▲ 东城区三眼井胡同91号

▲ 西城区东松树胡同25号

▲ 西城区东养马胡同5号

荷莲纹

主要图案由荷花、莲叶构成。荷花，水生植物，别名甚多，广为人知的有莲花、芙蓉、菡萏、芙蕖等。莲花在中国有着深厚的文化内涵，一是来自佛教的影响，佛教把莲花看成圣洁之花，据传说佛祖释迦牟尼出生时立刻下地行走七步，且步步生莲，因此莲花成为佛祖诞生的象征。二是因为莲花本身生长环境以及习性的特点。北宋理学家周敦颐著有著名的《爱莲说》，其中写道："余独爱莲之出淤泥而不染，濯清涟而不妖，中通外直，不蔓不枝……花之君子者也。"因此莲花自古被视为美好、高洁的象征，后来更被赋予高尚、正直、廉洁的君子之风的含义。

荷莲纹演化出许多吉祥寓意，如"并蒂莲""鱼戏莲""荷花鸳鸯"，成为人们用来形容夫妻恩爱的吉祥纹饰。

"并蒂莲"纹饰就是莲花一蒂有二花，由此寓意男女好合、夫妻恩爱。

"荷花鸳鸯"这一纹饰，图案为鸳鸯、莲花，又称为"鸳鸯戏水"。"荷"同"和"音，取其和睦之意。鸳鸯，一种水鸟，雌雄常在一起，据说鸳鸯若失其配偶，永不再配，因此鸳鸯是婚嫁喜事常用的瑞鸟图案，常用来比喻夫妻恩爱，并且成为相思的代名词。鸳鸯这一形象可以说表达了人们对于夫妻恩爱和至死不渝的爱情的歌颂与赞美，用在门墩上意在祝福夫妇百年好合，和谐幸福。

▲ 东城区国子监街82号（正面）

▲ 东城区春雨二条17号

▲ 西城区藕芽胡同7号

回 佛八宝纹

佛八宝，又称八吉祥纹，传自藏传佛教，盛于明清，分别是"轮、螺、伞、幢、花、瓶（罐）、鱼、长"。法轮表示佛法圆轮，代代相续，是生命不息的象征。法螺表示佛音吉祥，遍及世界，是好运常在的象征。宝伞表示覆盖一切，开闭自如，是保护众生的象征。宝幢表示降伏烦恼，是事业成功的象征。莲花表示神圣纯洁，一尘不染，是纯洁心灵的象征。宝瓶（罐）表示财富和吉祥，是富贵长寿的象征。金鱼表示自由和超越，是豁达智慧的象征。吉祥结（长）表示回贯一切，永无穷尽，是广大圆满的象征。

▲ 东城区九道弯东巷3号

回 暗八仙纹

是门墩当中应用较多的图案之一，多应用于方门墩上。

▲ 宣武区麻刀胡同9号

▲ 宣武区教子胡同小寺街30号

▲ 崇文区大江胡同135号

▲ 西城区后泥洼胡同18号

回 喜鹊

喜鹊登梅

这类图案为梅花枝头站立一只或两只喜鹊。喜鹊是报喜瑞鸟,是好运与福气的象征。我国古代神话故事"牛郎织女"当中牛郎和织女两人最后就是在喜鹊搭起的鹊桥上相会的。梅花在冬春之交开花,人称"报春花"。因此,"喜鹊登梅"图案寓意吉祥、喜庆、好运的到来。图案中有时刻有两只喜鹊，为双喜之意，这类图案也被称为"喜上眉梢""喜报春光""双喜临门""喜鹊登枝"。

欢天喜地

这类图案中树上的喜鹊与地上的獾对望，取"獾"与"欢"同音，构成"欢天喜地"这一吉祥寓意。

▲ 西城区德内大街广电总局麻花宿舍

▲ 宣武区永庆胡同13号

▲ 东城区北池子大街23号

回 文字类

　　这类门墩的存留在北京地区极为罕见，目前只见到一处现存实例，左右门墩正面分别雕刻有文字，组成一副对联，内容为"竹不如花清且雅，兰虽似草秀而香"。这副对联用竹、兰这两种植物清雅、灵秀的品格来喻人，可见宅院主人自诩是位品格高洁之人。

▲ 西城区西教场小三条2号之左门墩

▲ 西城区西教场小三条2号之右门墩

回 椒图

椒图是传说中的龙生九子之一，似螺蚌，性好闭，最反感他人进入自己的巢穴，因而人们常将其形象雕在大门的铺首上，或以铺首衔环为其形象刻画在门板上。螺蚌遇到外物侵犯，总是将壳口紧合，人们将其用于门上，取其可以紧闭之意，以求安全。因椒图面目狰狞，还可以镇守妖邪。同理，将椒图雕刻在门墩上，也是希望椒图震慑妖邪，防止鬼邪进入自己的住宅，起到镇宅的作用。门墩支撑门框门轴，石上猛兽的震慑还可以"稳固"大门，防止大门垮塌，提醒人们一定要居安思危。根据调查显示，椒图这一形象通常雕刻在有卧座的圆门墩上，唯有一个特例，就是位于崇文区草厂四条32号的一方门墩，其正面雕刻有椒图铺首衔环的形象。

▲ 崇文区草厂四条32号椒又图

三 异形门墩

回 全狮型

全狮型门墩以汉白玉质地为主，间或有大青石质地。狮子呈蹲姿、卧姿，有探身状、挺立昂首状。狮身坐落于须弥座上，须弥座三面有包袱角，镌刻图案等同大卧座吻兽型圆门墩，但更为复杂，体量都不大。全狮型门墩是清代重要的门墩类型，主要应用在清代王府、衙门和官宅。

▲ 西城区小翔凤胡同

回 陈设座型

该型门墩在北京现存例子中为个例，不具普遍性。门墩形状为一陈设座。

1. 东城区东四十三条23号
2. 东城区东四四条81号
3. 东城区东颂年胡同61号

回 立柱型

该型门墩为一立柱形主体结构，在北京地区现存例子中非常罕见。

回 卧鼓型

◀ 崇文区上国强胡同24号

该型门墩为一圆鼓卧置于底座上，故称为卧鼓型。现存实例十分罕见。

四 滚墩石

相对于圆门墩与方门墩来说，滚墩石的制式更加程式化，其镌刻纹饰图案主要为转角莲、"狮子滚绣球""麒麟卧松"等，其中尤以转角莲最多，并且在器座的四周通常施以缠枝莲。有的滚墩石双鼓之间器身也镌刻一些十分精致的纹饰，如人物与狮子等动物，形象可以说是栩栩如生。

回 转角莲

1. 东城区炒豆胡同僧格林沁府
2. 崇文区东晓市
3. 西城区丰盛胡同23号旁院

▣ 狮子滚绣球

▲ 东城区美术馆东街25号院

五 门枕

门枕一般在枕身正面镌刻图案，也有的干脆做成素面。其装饰图案多为花草类植物图案，也有刻天马、海马纹的，还有仿圆门墩须弥座部分进行装饰的，即将整个门枕前半部器身镌刻为须弥座，且前、左、右三面均有带锦纹图案的包袱角，并坠有圆形方孔钱。

▣ 草木花卉纹

▲ 宣武区老墙根街44号

▲ 宣武区炭儿胡同20号

◎ 天马、海马纹

▲ 东城区洋溢胡同47号

◎ 包袱角纹

前、左、右三面下垂，类似于包袱角的形状，往往在角上挂圆型方孔铜线，形成特色鲜明的包袱角纹。

▲ 宣武区南大吉巷37号

▲ 西城区石碑胡同27号

◎ 素面

素面门枕，故名思义，即门枕各面无多余装饰。

▲ 宣武区春风胡同15号

石敢当
镇宅辟邪的护身符

在我国民间的自然神祇崇拜中，以能达到攘害祛灾、福佑安康之目的的崇拜对象为多，"石敢当""泰山石敢当"就是其中之一。它们通常立于房前屋后面对路口处或桥头等处，多以小石碑外观出现，石面上镌刻"石敢当"或"泰山石敢当"字样。它们旧时最为常见，但近百年来消失得最快。有些石敢当上镌刻的文字多了"泰山"二字，那么，镌刻"石敢当"与"泰山石敢当"有什么区别吗？简单地说，二者作用是一样的。

古人对五岳五镇的崇拜由来已久，特别是对五岳中泰山的崇拜更是源远流长。"会当凌绝顶，一览众山小"，作为五岳之首，泰山是群山之尊，统辖众山，又是帝王封禅大典所在地，秦始皇、汉武帝等封建时代的皇帝讨禅泰山后，泰山名闻天下，更为历代人们所景仰。帝王们在泰山上举行国家大典，向泰山朝拜，泰山俨然已被神化，天下谁还敢藐视泰山呢？泰山成为稳定一切、威力无比的象征，俗语说"稳如泰山""威如泰山"，就是这个意思。石敢当上镌刻"泰山"二字，寓意借泰山之力祛除一切邪恶污秽、鬼魅。

根据历史文献，"石敢当"三个字最早出现在西汉史游的《急就章》中：

师猛虎，石敢当，所不侵，龙未央。

《急就章》是一种启蒙读本，内容包罗万象，人文、历史、地理、物产、天文等几乎都有涉及，文辞结构上采用合辙压韵、朗朗上口的诗歌形式，便于记忆，主要用来识字。唐代颜师古虽有注释"卫有石昔、石买、石恶，郑有石制，皆为石氏，周有石速，齐有石之纷如，其后以命族。敢当，所向无敌也"，意思是说"石"字代表姓氏，以后成为一个大姓大家族流传，而"敢当"代表天下无敌，隐喻有一位英雄叫石敢当，但因汉代之前的史料中从未载有称为"石敢当"的人物，所以颜师古的注释更像个人臆测。

清代俞樾的《茶香室续钞》记载了这样一则关于"石敢当"的资料，说宋代王象之的《舆地纪胜》中记有福建出土"石敢当"碑的事：

庆历中，张纬宰蒲田，再新县治，得一石铭。其文曰：石敢当，镇百鬼，厌灾殃，官吏福，百姓康，风教盛，礼乐张。唐大历五年县令郑押字记。

唐大历五年即770年，这是文献中有据可查的"石敢当"存在的最早记录。

由上可以得知，"石敢当"的出现不会晚于唐大历五年。2007年，在四川省阿坝藏族羌族自治州桃坪羌寨，发现了一尊西夏党项人雕刻风格的石敢当，又从实物上证明了宋代是石敢当出现的时间下限。

我国自古以来就富有口头文学创作与流传的传统，社会生活、历史事件、文化交往、以英雄为主的传奇人物经历以及对先祖的崇拜，成为民间口头文学创作源源不断的素材，它们结合着人们对美好生活的向往、心灵上的渴望，经过人们的传诵，不断地添加故事细节，最终形成富有神奇色彩的民间传说。石敢当自然也不例外，它的传说特点是，既体现出一定的历史年代性，又富有很强的地域性，同时往往将石敢当拟人化。

一 传说的历史性

石敢当传说故事的历史性强，较为典型的故事如：姜太公助周灭商，被上天授以掌管鬼神之权，故民间在石头上刻写"石敢当""姜太公在此，百事无忌"，以此石借姜太公之神威挡邪煞；三国名医华佗去泰山采药，带回一块泰山石，上书"泰山压顶，百鬼宁息"八字，当巫人装鬼来害他时，便举泰山石将其击败，百姓随之效法，采石刻字"泰山石敢当"，竖在宅墙上辟邪；还有将后晋石敬瑭的卫士"石敢"讹变为"石敢当"的传说等。

二 传说的地域性

石敢当传说所提及的地域多围绕着山东泰安地区，也有个别传说地理位置根植于北达东北满族，南达江苏、福建、广东客家人聚居区等地。比如清俞樾《茶香室丛钞》卷十就记载："国朝王渔洋山人《夫于亭杂录》云：

齐鲁之俗，多于村落巷口立石，刻'泰山石敢当'五字，云能暮夜至人家医病。北人谓医士为大夫，因又名之曰石大夫。按：此五字南中有之，而无医病之说，亦无大夫之称。"这是一则较为经典的体现石敢当流传地域性的记载。

与其他类型的民间传说一样，石敢当的传说更多是借物寓事，无论是远古英雄化身还是救死扶伤的行医者的化身，传说主题就是祛除病魔邪恶求得安康，表达的是一种隐藏在人们心中的趋利避害、向往安定和谐生活的美好愿望。

三 功能起源初探：灵石崇拜及其释义

早在人类还在茹毛饮血的蒙昧时代，随着原始人对石器使用及依赖度的不断加深，逐渐发展出将石头的坚硬属性等同于大自然中风、雨、雷、电、地震、海啸等人类不能驾驭的自然现象的认知，认为它具有超越人类肉体、凌驾于人类精神之上的能力。日常生活中，先人在大量使用石器的同时，伴随着文明的演进，人们还将石器或石块赋予了体现财富和身份的功能，乃至视之为"护身符"。这种赋予石器或石块"护身符"等功能的做法，是人类原始信仰阶段万物有灵论思想的主要体现之一，也可以称之为"灵石崇拜"，属于自然神祇崇拜。一些岩石因其具有特殊形状和斑斓的颜色，或因其所处于特殊的地理环境，都可能被当时的人类赋予灵性。

我国羌族就有白石崇拜的习俗。羌族传说中讲到，远古时羌人和戈鸡人战争，不能取胜。当时有神梦中指示羌人，要用白石做武器，才能战胜戈鸡人。羌人按照神的指示采集大量白石作为武器，果然取得胜利。但因是梦中托示，没有人看清神的相貌，没有办法将其描绘出来，于是羌人便以白石代替梦中之神的形象加以供奉。

在台湾，高山族人称神石为"石头公"，把它看作是保幸福、辟妖邪的对象。

在非洲尼日利亚，某些原始部落把一些被认为是"神石"的石头供奉起来，并用谷物和狩猎所得制成的食物加以供养，以祈求这些神石能够治病。

在大洋洲的巴布亚新几内亚，当地土著把一种石头奉为神石，认为石头里附有精灵，把这类石头放在哪里，哪里就会受到石头神力的影响，因此当地土著就把它放在耕田内或粮食作物旁，认为这样能够增加农作物收获。

文化人类学田野调查资料表明，对灵石的崇拜并给予其神力、魔力的做法，一则演变为今日一些地区和民族仍在延续的自然神祇崇拜，二则演变为日后的巫术。

现代考古学资料也不乏例证。

甘肃永靖齐家文化墓地，有不少墓中随葬石块，石块有大有小，多呈白色，石块放在死者头部或身体两侧，有的则围绕死者一圈；墓地中不分男女老少，不分葬式，大都有石块随葬，少者五六块，多的达105块。广西南宁地区的史前墓葬，如西津和长塘的不少墓中，常有着用一两块未经加工的片石随葬的现象，石块多放于死者头部，有的墓中还有用石子在人骨周围圈起的情况。1945年春，著名考古学家夏鼐先生在甘肃临洮寺洼发掘两座墓葬，都有大块砾石随葬。此外，云南元谋大墩子遗址的部分史前墓葬、四川巫山大溪文化遗址的部分墓葬，也有用石块随葬的现象。

值得指出的是，前述原始文化墓葬，大部分墓葬中死者有随葬石块现象的只是少数，推测墓主人很可能是非正常死亡，墓葬中随葬的石块很可能是被视作灵石，其目的有可能是借助灵石来镇墓驱邪。

既然灵石可以驱邪，将灵石崇拜应用到生活的各个方面也就顺理成章，比如造屋。建造房屋离不开石块，它对古人来说具有满足物质层面的和心理层面双重需求的功效：石块既支撑房屋的立柱以作为基础，达到稳固防潮的目的，又以其坚固不朽的特性满足了人们祈求长久安康的目的。从文献来看，我国古代早就有在房屋四隅填埋石块用以镇宅、辟鬼的习俗，这种反映在建筑中的埋石镇宅之法，汉魏六朝之际就已出现，如"丸石于宅四隅，则鬼无能无殃"（汉刘安《淮南子·万毕术》）、"镇宅以埋石，厌山精而照镜"（北周庾信《小园赋》）、"十月暮日掘宅角，各埋大石，为镇宅"（吴兆宜注南朝宗懔《荆楚岁时记》）等。1975年12月，湖北省云梦县睡虎地出土的秦简《日书·诘》中记载了"投石击鬼法"，应该是将石头埋在地下或插在地面以镇妖邪法术的另一种形式，自秦汉以降一直流行。成文于唐玄宗时期（712—756）的敦煌写卷（即敦煌遗书）三五九四号《用石镇宅法》则说："凡人居宅处不利，有疾病、逃亡、耗财，以石九十斤，镇鬼门廊即东北角牖上，大吉利。"以上记载表明以石镇宅在中国封建社会早中期广为流行。

由此推断认为，以石为灵、以石镇宅，既是灵石崇拜的重要组成，也可看成日后石敢当崇拜之滥觞。

四 石敢当的形态

当代中国的两大辞书《辞源》《辞海》中指出，"石敢当"形似石碑，功能为辟邪、镇邪。关于石敢当的功能和形态，在一些文献如元末明初陶宗仪《南村辍耕录》载"今人家正门适当巷陌桥道之冲，则立一小石将军，或植一小石碑，镌其上曰石敢当，以厌禳之"、明代杨信民《姓源珠玑》曰"必以石刻其志，书其姓字，以捍民居"、清代黄斐默《集说诠真》云"石敢当本系人名，取所向无敌之意，而今城厢第宅，或适当巷陌桥道之冲，必植一小石，上镌'石敢当'三字，或义绘虎头其上，或加'泰山'二字，名曰'石将军'……"、清代翟灏《通俗编》引《继古丛编》说"吴民庐舍，遇街衢直冲，必设石人或植片石，镌石敢当以镇之"、清代袁枚《随园随笔》载"镌今俗为厌胜，树一石于庐所，曰'石敢当'"等，都已有了明确表达，即一定规格的小石碑或小石人像，正面书写"石敢当"或"泰山石敢当"；有的镌刻虎头，与家宅相联且立于家宅与街道道口相对之处或与水塘、桥头相对之处，有的则单独立在前述位置，作用为"捍民居"、镇煞、厌胜。

形制标准上，《鲁班经》说石敢当"高四尺八寸，阔一尺二寸，厚四寸，埋入土中八寸"，外观为长方体。雕凿"石敢当"和确立"石敢当"也都有要求，分为"择日"与"祭享"。对此《鲁班经》中有较为详细的规定："凡凿石敢当，须择冬至日后甲辰、丙辰、戊辰、庚辰、壬辰，甲寅、丙寅、戊寅、庚寅、壬寅，此十日乃龙虎日，用之吉。至除夕用生肉三片祭之，新正寅时立于门首，莫与外人见，凡有巷道来冲者，用此石敢当。"

十二生肖辰属龙、寅属虎，因此有在"龙虎日"刻石敢当之说，这其中又以体现"虎"为重点。虎，古人视为食鬼驱邪的神兽，新正即农历新年第一天，古人以夏历建寅之月为正月，这是属虎的月份；"寅时立于门首"，仍取属虎之寅。在寅虎之日雕凿、寅虎之时确立，甚至直接在刻石之上镌出虎头形象，人借虎威、借虎增威，至此原本毫无功力的石头转身变为具有辟邪功能的镇物和文化符号。

《鲁班经》中对石敢当形象和功能的描述，可看成石敢当的标准形象，是石敢当的"标准照"。但《鲁班经》仅仅是建议性的规范，实际上各地的"石敢当"尺寸大小不一，样式也有多种，它们的形态体现出一定的地域性差别。

北京旧城的石敢当如前概论所述，大体分为兽镇型、平板型和特异型。

回 兽镇型

兽镇型石敢当多在石碑顶部镌刻兽首形象。

▲ 东城区飞龙桥胡同

▲ 西城区言园胡同

▲ 宣武区校场口胡同58号

▶ 东城区腊库胡同南口

回 平板型

平板型石敢当造型为一简单的直板。

▲ 西城区笔管胡同醇亲王南府北墙

▲ 东城区栖凤楼胡同西口

▲ 宣武区棉花五条

▲ 东城区礼士胡同61号斜对面

回 特异型

特异型石敢当顶部不镌刻通常所见的兽首，而代之以其他形状的装饰。

▲ 东城区礼士胡同43号

▲ 东城区黄米胡同9号

▲ 宣武区耀武胡同35号

五 石敢当崇拜的现实意义

　　国务院于2006年5月20日下发的《国务院关于公布第一批国家级非物质文化遗产名录的通知》,将"泰山石敢当习俗"列在第十类民俗中，这说明，泰山石敢当的文化符号属性得到了确认，这种习俗仍具有值得肯定之处。趋利避害，是所有生物的本性，人类也不例外，因此演变出的习俗是人类社会不同阶段普遍存在的人文现象。历经长久时间的文化涤荡，很多古老习俗消失了，有的则淡化了，有的改头换面以新的形式继续存在。石敢当崇拜也不例外，它既掺杂着原始自然多神崇拜的消极因素（淫祠杂祀、对自然的恐惧，造成人们停留在对自然的不可知论阶段），同时也包含着从敬畏自然引发而出的爱护自然、天人和谐等环保理念，而后者的积极意义在当下十分值得提倡，也是建设和谐社会的重要内涵之一。因此，"泰山石敢当习俗"，其朴素内涵在和谐社会建设中应当发挥积极层面的作用，如爱护环境、爱护自然、营建科学的居住环境等，而对于借题发挥、打着传统文化旗号的神秘主义诠释要予以阻止，使其脱离迷信的束缚，以最大的可能使"泰山石敢当习俗"在当下乃至其后的时期中成为社会主义新文化建设的有机内容之一，继而成为团结海内外炎黄子孙共建中华新文明的有力方式之一。

砖雕

体现住宅主人意趣与彰显财富的华丽装饰

01 门楣砖雕

北京的四合院,其四面围墙围起来的是一个称为"家"的不容外人侵入的神圣地方。家,是人们的避风港湾。四合院这种长幼共居、体现浓厚血缘亲情的民居建筑形式,每一块砖雕、每一筒青瓦、每一扇木门,都诉说着浓郁的亲情、人情、世情,而四合院的门楼作为一个家最鲜明、最被外人所关注的部位,也就顺理成章地成为了砖雕这一重要装饰构件的展示空间。

广义的砖雕指大门砖雕,包含门楣砖雕、戗檐砖雕、博缝砖雕、房脊砖雕,门楼内、正房及厢房门廊廊下象眼砖雕、影壁砖雕等。在这一部分专门讨论最为显眼的门楣砖雕。

门楣砖雕的纹饰表现内容丰富,它产生自民间,应用于市井,带有明显的世俗特征,因此每时每刻都透露着百姓向往富足、和睦生活的美好愿景。总之,四合院住宅上的装饰所反映的内容脱离不开生活,言必有意,意必吉祥。本部分介绍的门楣砖雕图案,主要指有栏板的门楣砖雕之栏板处的图案。

一　阳刻望柱栏板型

回 博古纹

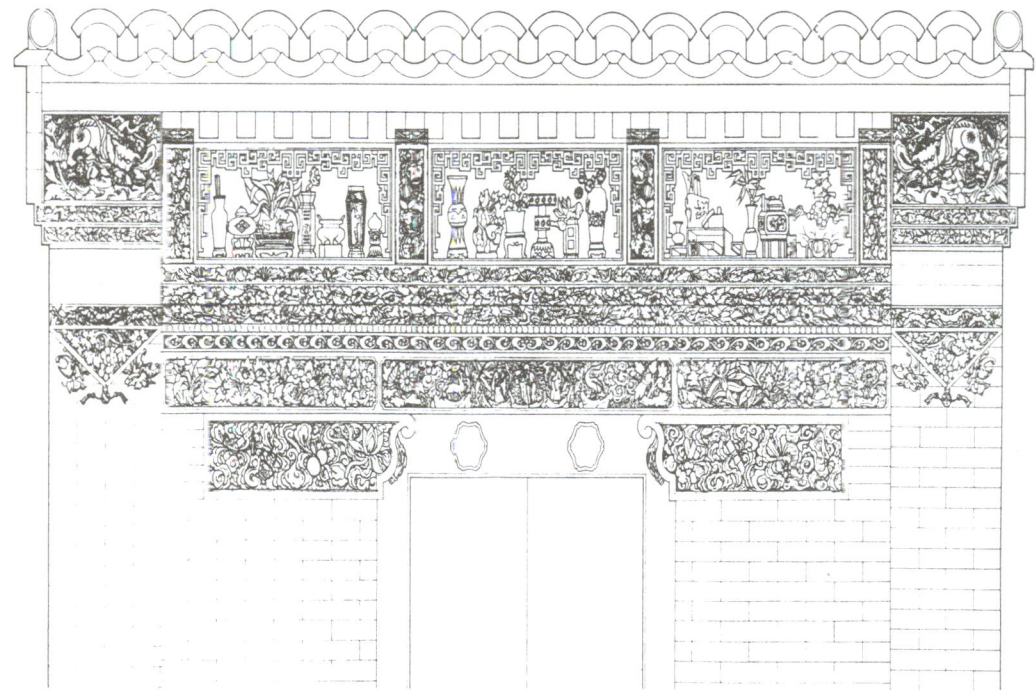

门楣砖雕中图案精致程度最高的一种，多采用阳刻手法，雕刻细腻，做工精良，在门楣砖雕的图案类型中属上乘，通常镌刻青铜器皿、宝鼎、酒具、炉、瓶、书案、博古架、拂尘以及文房四宝等，图案相互有序交替地展示。博古类砖雕一般用于门楣等显赫部位，图案典雅，书卷气息浓郁，尽显儒雅之气。博古类纹饰仅出现于阳刻望柱栏板型门楣砖雕中。

▲ 东城区秦老胡同35号

▲ 东城区盛芳胡同1号

▲ 东城区三眼井胡同东口

回 草木花卉纹

  花草类砖雕图案多应用于阳刻望柱栏板型门楣砖雕中，以自然界的花草为主，图案为松、竹、梅、兰、牡丹、菊花、荷花、水仙、灵芝、海棠等。在门楣砖雕的图案应用上，以"富贵牡丹"居大多数。

▲ 西城区王府仓胡同29号

▲ 东城区交道口北三条73号

▲ 东城区西颂年胡同1号

▲ 西城区西楼巷21号

▲ 崇文区草厂九条14号

砖雕 体现住宅主人意趣与彰显财富的华丽装饰

回 吉祥寓意纹饰

传统民俗中，通常用图案组合表意象形，或用图案中器物的谐音体现吉祥寓意。这类用图案表示吉祥寓意的门楣砖雕通常属于阳刻望柱栏板型，比较常见的图案内容有"岁寒三友""三阳开泰""鹤鹿同春""喜鹊登梅""犀牛望月"等。以物寓事是中国传统文化中一种独到的表现方式，加深了砖雕这种实用建筑部件的文化意味，这类图案的精品代表存世数量不多。

三羊开泰

图案为三只羊仰首望日，因"羊"与"阳"谐音，因此也写作"三阳开泰"，用"三羊"喻"三阳"。《易经》所讲的八卦当中"—"代表阳，"- -"代表阴，乾卦为"☰"，是为三阳。三阳，阳气极盛而阴气渐衰。许慎《说文解字》中说："羊，祥也。"古代"羊"同"祥"字。"泰"来自于《易经·泰卦》："泰，小往大来，吉，亨。"《象》曰："天地交，泰。"意为天地交而万物通。冬去春来，万物复苏，故"三羊开泰"便成为岁首人们互相祝福的吉利之辞，寓意有好运即将降临、吉祥如意之意。

▲ 西城区鸦儿胡同的门楣砖雕

犀牛望月

"犀牛望月"这一词语本意指见到的不全面,典出于《关尹子·五鉴》:"譬如犀牛望月,月形入角,特因识生,始有月形,而彼真月,初不在角。"因为望月这一动作有企盼之意,后来在民间中逐渐演变成了翘首企盼的意思。

▲ 西城区鸦儿胡同的门楣砖雕

鹤鹿同春

《符瑞志》中记载鹿为纯善之兽,神话中寿星骑梅花鹿,所以鹿是长寿的象征。古人认为鹤为仙禽,其寿不可限量,人们称人高寿为"鹤龄",形容老年人精神好为"鹤发童颜"。因为"鹿"与"六"谐音,"鹤"与"合"谐音,因此民间将鹤、鹿两种动物形象组合在一起取其"六合"之意,为"六合同春",寓意欣欣向荣,长寿安康。因为画面为鹤、鹿两种动物组成,因此也称为"鹤鹿同春",成为了中国传统的吉祥图案组合。历代对于鹿、鹤象征的"六合"的含义一直存在不同意见,一种认为"六合"为天、地与东、南、西、北四方，即泛指天下，有天下皆春之意；第二种认为是地支里的子与丑合、寅与亥合、卯与戌合、辰与酉合、巳与申合、午与未合，有天作之合之意；第三种见《淮南子》，其中写明六合为孟春与孟秋为合、仲春与仲秋为合、季春与季秋为合、孟夏与孟冬为合、仲夏与仲冬为合、季夏与季冬为合，为四季如意之意。

此外，"鹿"与"禄"同音，鹤鹿同春的图案也寓意着寿与禄。

▲ 西城区鸦儿胡同的门楣砖雕

凤凰牡丹

凤凰，传说中的神鸟，同龙一样，现实生活中是没有凤凰这种动物的，它是多种现实动物的综合体，鸡头、蛇颈、燕颔、龟背、鱼尾、五彩色，高六尺许，现则天下安宁。因此，凤凰成为古代先民心中的瑞鸟，为百鸟之王。牡丹为花中之王，寓意富贵，丹凤结合，象征着美好、光明和幸福。

▲ 西城区民康胡同23号

几何纹饰

锦纹类

此类砖雕数量不多，多存于北城。但是锦纹装饰在我国历史悠久，宋代《营造法式》中载有各种锦文，如瑛环纹、密环纹、簟纹、方环纹、罗地龟纹、香印纹等，最初应用于彩画中，后来在石雕、木雕、砖雕中均有体现，称为"宋锦"。清代出现的纹饰主要是回纹、汉纹、卍字不到头纹、丁字锦、拐子锦、如意纹、寿字纹等。在大幅砖雕图案中，锦纹图案多在边框，用来衬托主题，少用于主题内容中。用锦纹作为砖雕主体图案相对于前述几种图案类型来说颇具化繁为简之意。

▲ 东城区史家胡同23号

蕃草纹

这是一种图案程式化的花草纹饰，基本图形是一反一正向前弯曲伸展的花草，为二方连续图形。北京四合院砖雕的蕃草类纹饰，还有以竹叶纹、兰花纹和栀花纹做重复连续图案的。蕃草类纹饰多用于门楼砖雕中窄方的部位，但也有独立应用于图案主体部分即栏板的，如四合院影壁上的砖雕。

▲ 宣武区校场口头条9号

回 人物故事纹饰

人物故事类纹饰的墀头砖雕主要应用于佛教建筑以及地下墓室内,民居建筑中应用较少,尤其在北京四合院当中应用很少。这类砖雕通常表现有情节的内容,如二十四孝故事、八仙过海故事、戏曲话本故事、梁山好汉故事、四大名著故事等。其中许多故事寓意深刻,体现着深厚的儒家思想和森严的宗法制度、纲理伦常。

▲ 东城区五道营胡同55号

二 阴刻望柱栏板型

此类型门楣砖雕图案内容多以松、竹、梅"岁寒三友"及兰花、水仙、菊花为主,偶见锦文类。砖雕施以简单浅雕,线条表现明快。

▲ 西城区大乘胡同21号

▲ 西城区锦什坊街103号

▲ 西城区花枝胡同22号

▲ 西城区小水车胡同19号

▲ 崇文区长巷二条18号

▲ 东城区黑芝麻胡同15号

三 仿木结构型

这类门楣砖雕的特点是将门楣砌造成屋檐样式，仿佛屋檐套屋檐。

▲西城区大乘巷18号

四 整体栏板型

这类门楣砖雕所刻内容多为草木花卉类，间或有吉祥寓意类纹饰。它的特点是画面一气呵成，没有望柱，连成一片，比较常见的图案组合为松、竹、梅"岁寒三友"。

▲西城区正觉胡同1号

▲东城区东四八条119号对面

▲ 西城区小拐棒胡同12号

五 挂眉型

　　挂眉型门楣砖雕的内容以草木花卉纹为主，偶有锦文类图案。

▲ 西城区大乘胡同

▲ 东城区五道营胡同57号

墀头砖雕

墀头是伴随着硬山屋顶房屋的产生而产生的，是伸出檐柱以外的山墙。墀头上部与檐枋连接处安挑檐石，挑檐石以上分别为荷叶墩、枭混、盘头、戗檐砖。戗檐砖通常用方砖，砖面微向前倾，砖面雕刻有各种纹饰，因此戗檐部位的砖雕比门楣砖雕更易被人们看到。人们对这一部分精雕细琢，使之成为砖雕中十分精细的部位，体现着宅院主人的身份和地位，并且墀头戗檐部位的砖雕还与门楣砖雕相辅相成、交相辉映。墀头砖雕纹饰主要以博古纹、瑞兽图案、有吉祥寓意的纹饰、草木花卉纹饰居多，还有一部分人物故事纹饰。官员通常在戗檐部位雕刻麒麟、狮子等图案，文人居室通常会选择博古纹，有些家产的富户人家多雕刻四时花卉、吉祥图案等。在戗檐外侧部位为博缝板，其突出戗檐部分称为博缝头，也是装饰的重点部位，多以雕刻各种花卉为主，讲究一点的住宅在这一部位雕刻"万事如意"等有吉祥寓意的图案。

一　博古纹

1. 西城区鼓楼西大街69号
2. 东城区洋溢胡同47号
3. 崇文区长巷二条20号
4. 西城区鼓楼西大街69号

二　草木花卉纹

▲ 西城区后帽胡同21号

▲ 西城区藕芽胡同7号

▲ 西城区锦什坊街178号

▲ 西城区藕芽胡同7号

三 吉祥寓意纹饰

葫芦纹

葫芦的寓意非常丰富，首先"葫芦"与"福禄"谐音，因此民间常用葫芦来表示福禄。其次葫芦这种植物的枝蔓又很繁茂，"蔓"与"万"谐音，而葫芦里面的籽很多，意为"多子"，因此葫芦与其枝蔓一起象征着子孙昌盛，多子多福。最后葫芦又是"暗八仙"之一，因此还寓意着健康、长寿、平安。能集如此多的美好祝愿与祝福在一身，葫芦纹自然成为了中国民众最喜爱的纹饰之一。

▲ 西城区广宁伯街17号

▲ 西城区东廊下胡同3号

鹤鹿同春

"鹤鹿同春"是砖雕图案当中图案繁复程度较高的一种。

▲ 西城区小拐棒胡同12号

▲ 东城区方家胡同13号

▲ 崇文区长巷头条50号之一

▲ 崇文区长巷头条50号之二

 葡萄纹

葡萄果实成串成簇，硕果累累，寓意丰收，富贵长寿，而且葡萄多籽，"多籽"与"多子"同音，符合中国人自古对于家族人丁兴旺的美好期盼。

▲ 东城区交道口北三条61号

▲ 西城区鸦儿胡同54号之一

▲ 西城区后海鸦儿胡同54号之二

回 松鹤延年

这一组合图案通常为一只鹤栖于一松树上。松为百木之长，常青不朽，因此是长寿的象征。传说中鹤为凡人登仙所化，高洁而不食人间烟火，长生不死。此吉祥纹饰寓意延年益寿，通常用于向高龄长者祝寿之用。因松、鹤都是高洁的象征，因此此吉祥图案也寓意志节高尚。

▲ 东城区黑芝麻胡同9号

回 马上封侯

此图案由猴子和骏马组成。中国古代爵位共分五等，从高到低依次为公、侯、伯、子、男，侯在其中处于较高地位，而"猴"与"侯"谐音，因此借猴这一形象代指官位高升。骏马取"马"音，猴子骑于马上，"马上"为立刻之意，图案组合起来称为"马上封侯"，寓意功名指日可待。

▲ 东城区官书院胡同7号

回 太狮少狮

太狮少狮图案通常镌刻成大狮子与小狮子嬉戏玩耍的样子，也有刻成大狮子怀抱一只小狮子或是大狮子两爪间有一小狮子的样子。因"狮"与"师"同音，取"太师少师"之意，以求得官升高位，当朝一品。太师这一官职是从周就开始有的，为太师、太傅、太保三公之一，而其中以太师居首。明代三公为正一品，相应的少师、少傅、少保三孤为从一品，都是位极人臣的官职。

▲ 东城区板厂胡同23号

▲ 东城区豆腐池胡同17号

回 狮子滚绣球

▲ 宣武区南横西街9号

回 喜鹊登梅（喜鹊登枝）

▲ 西城区北半壁胡同13号

▲ 东城区板厂胡同甲30号

回 凤凰牡丹

▲ 东城区三眼井胡同87号

▲ 宣武区南黄西街9号

回 万事如意

　　这一图案通常是墀头博缝头部分最主要的装饰图案，主体图案有一"卍"字，然后雕刻两只在枝蔓上连在一起的柿子，寓意万事如意。柿子本是自然界中极其寻常的一种植物，并无太多的特殊之处，皆因"柿"与"事"同音，人们将两个柿子的形象雕刻于砖雕上，取其"事事"之意。《尔雅》称柿有七德，"一寿，二多荫，三无鸟窠，四无虫蛀，五霜叶窠玩，六嘉实可啖，七落叶肥大可以临书"。柿子的果实成熟后金灿灿、果实丰硕，与卍字纹一起就构成了"万事如意"这一吉祥寓意。

　　老北京人也习惯在自家院子当中栽种柿子树，寓意日子红红火火、万事如意。

▲ 西城区鼓楼西大街69号

▲ 西城区藕芽胡同7号

回 麒麟卧松

▲ 东城区板厂胡同27号

▲ 西城区西楼巷19号

四 人物故事纹饰

▲ 东城区洋溢胡同47号之一

▲ 东城区洋溢胡同47号之二

楹联门

蕴意人生哲理之座右铭的载体

楹联大门一般用作住宅的宅院门，大门门扉上雕刻有对联，分为刻字和髹漆两种形式。刻字式门联的字体大多采用楷体，也有使用隶书及其他书法字体的。门联雕刻的手法为隐雕的一种，即在字的笔画边缘，雕出一条浅沟，然后在字上涂上与门板不同的颜色以突显文字。

门联的内容与书写水平的高低，体现着主人的文化志趣。通过门联可以窥探主人的处世哲学和对子孙后代的期许，门联内容有警示、有希冀、有忠告，甚至成为这家人祖祖辈辈相传的家训，可以说门联是传统的书法艺术与家风文化的完美结合。

一 道德情操高

子孙贤族将大 兄弟睦家之肥

家族的子孙后代如果贤良，家族就会壮大兴旺；兄弟如果和睦，家庭就会富裕发达，其实用现在的话概括起来就是"家和万事兴"。

这副对联最早为李鸿章拟书，送给山西乔家的。当时清朝国库空虚，乔家鼎力相助，解了李鸿章的燃眉之急，李鸿章欣然为乔家拟联。山西乔家富甲一方，鼎盛时期，资产达数千万两白银，相当于当时朝廷几年的总收入，成为支撑朝廷经济的主要支柱。显然贤、睦是因，族大、家肥是果。这副对联高度概括了乔家可以做到富甲一方、族大家兴的原因，后来许多人家都用这副对联来警示自己的子孙。

▲ 宣武区北大吉巷47号

▲ 西城区东新帘子胡同18号

回 传家有道惟存厚 处世无奇但率真

持家如果有诀窍的话，只有厚道；为人处世没有什么特别的地方，就是要率真。

著名红顶商人胡雪岩的杭州故居、山西著名的乔家大院都用这副对联作为楹联。曾国藩的九弟、湘军著名将领之一的曾国荃也曾手书这副对联作为自箴之用，用于规谏劝诫自己。

回 有容德乃大 无欺心自安

这是旧时最为常见的对联之语，北京旧城内的门联中，此语十分众多。

这副门联的意思是有容人之心，道德修养才能提高；做事不昧良心，内心自然会安稳。

上联语出《尚书·君陈》："有忍，其乃有济；有容，德乃大。"意思就是说要有忍耐精神，所做之事才能成功；有忍让宽容的胸怀，德行才能广大。

下联源自元代马致远的杂剧《岳阳楼》第二折中的一副对联："人能克己身无患，事不欺心睡自安。"

回 慎言语节饮食 永祐庆长寿康

言语谨慎，饮食节制，就会永远被保祐祝福并且健康长寿。

《礼记·缁衣》有云："君子道人以言而禁人以行，故言必虑其所终，而行必稽其所敝，则民谨于言而慎于行。"谨言慎行是中国传统文化中为人处世的一个重要原则，符合儒家倡导的中庸之道，即做任何事必须要懂得克制自己。

▲ 西城区后车胡同12号

▲ 西城区南翠花街3号

回 修身如执玉 积德胜遗金

修养身心要像手里拿着玉那样，积德行善胜过留下大笔钱财。

我国古代经典中大多都提到修身的重要性，修身是做人成功的前提。汉代许慎在《说文解字》中对玉的解释是："玉，石之美者。"古人以玉作为美好的象征，因此人们通常用玉来比喻和形容一切美好的人或事物，像形容一个人道德高尚就会说"君子如玉"。行善积德也被传统文化所提倡，认为积德行善比拥有大量的钱财更加重要。

▲ 崇文区河泊厂胡同19号

持家遵古训 教子有义方

该副对联反映出宅院主人对于持家和教育子女的重视。

"教子有义方"源于窦燕山教育子女经验的总结，《三字经》中有云："窦燕山，有义方。教五子，名俱扬。"窦燕山为何人？为何可以写进中国传统启蒙读物《三字经》中？窦燕山，本名窦禹钧，五代时后晋人，因家住燕山一带，因此后人又称其为窦燕山。窦燕山其人，因家中富裕，因此经常以势欺人，做尽坏事，虽结婚却一直无子。一天晚上，窦燕山梦到死去的父亲对他说，如果他不痛改前非，不光没有子嗣，自身也会短命。之后窦燕山悬崖勒马，广结善缘，妻子也为他生下五个儿子。窦燕山非常注重教育自己的五个儿子的学习和品德修养，在他的培养教育下，五个儿子都成为有用之才，先后登科及第，这也是"五子登科"这个词语的来历。窦燕山同时代一位叫作冯道的侍郎曾赋诗一首说："燕山窦十郎，教子有义方。灵椿一株老，丹桂五枝芳。"

▲ 西城区北官房胡同2号

廉俭世泽 忠厚家风

清廉节俭是祖先留给我们的宝贵的财产，忠诚厚道是一个家族的传统作风。

▲ 崇文区河泊厂东巷68号

回 忠厚留有余地步 和平养无限天机

这副对联主要告诫后人做人一定要忠厚，处世要和平。相传这副对联是清代张廷玉去世前留下的警后之语，张廷玉为人谨小慎微，雍正帝非常欣赏他，赞扬他"器量纯全，抒诚供职"。终清一代，只有张廷玉一位汉族大臣能够享有配享太庙的殊荣。

▲ 崇文区西打磨厂街124号

▲ 崇文区长巷二条44号

回 座揽清辉万川月 胸涌和气四时春

席地而坐拥抱月光好像整个世界都充满月色，胸中充满和气好像四季都变成了春天。

月亮这一形象象征意义十分丰富，自古人们就赋予月亮多样的内涵。在古代文人心中，月亮是美的象征，是相思的代表，皎皎明月给人以美感，是高远、柔和的。

这副门联显然抒发了主人平静祥和的心境。

回 门庭清且吉 家道泰而昌

对联字面含义为庭院干净清洁，家道平安而昌盛。引申为只有做人清白，家庭才能平安而昌盛，可见主人对于自身和子孙人品的看重。

▲ 宣武区棉花下三条4号

▲ 宣武区红线胡同52号

回 里仁为美 备致嘉祥

前半句出自《论语·里仁》:"里仁为美,择不处仁,焉得知?"意思是说:"居住在有仁德的地方才是好的。选择住处,不住在有仁德的地方,那怎么能说是聪明智慧呢?"也有人将其引申为:"达到仁的境界是美好的,做出的选择没有处在仁的境界,怎么算智慧呢?"

▲ 宣武区东河沿街9号

回 文章追倚马 道德溯犹龙

"倚马"典出《世说新语·文学》:"桓宣武北征,袁虎时从,被责免官。会须露布文,唤袁倚马前令作。手不辍笔,俄得七纸,殊可观。"说的是袁虎奉命草拟布告,倚着战马立时写成,后用来比喻文思敏捷,下笔成章。

"犹龙"指老子,典出《史记》卷六十三《老子韩非列传·老子》:"孔子适周,将问礼于老子……孔子去,谓弟子曰:'鸟,吾知其能飞;鱼,吾知其能游;兽,吾知其能走。走者可以为罔,游者可以为纶,飞者可以为矰。至于龙吾不能知,其乘风云而上天。吾今日见老子,其犹龙邪!'"可见"犹龙"为孔子称赞老子所用。"道德"一语可追溯到老子所著《道德经》,当时道与德是两个概念,并无"道德"一词,荀子《劝学》篇中出现了连用的"道德"一词:"故学至乎礼而止矣,夫是之谓道德之极。"后世道德一词指一种社会行为标准,是人们生活及行为的准则与规范。

▲ 宣武区棉花下三条5号

回 芝兰君子性 松柏古人心

用芝兰来比喻君子的性情品格,用松柏来比喻古代先贤的内心。

芝兰,芝草和兰草都是香草,二者通常连用,像《荀子·王制》有云"好我芳若芝兰",芝兰在这里就被赋予了特定的含义,喻为君子美德,后来又引申将芝兰比作优秀的子弟。此典出《世说新语·言语》:"谢太傅问诸子侄:'子弟亦何预人事,而正欲使其佳?'诸人莫有言者。车骑答曰:'譬如芝兰玉树,欲使其生于庭阶耳。'"

松柏自古都是被赞咏的植物,松除了作为长寿的象征外,还是志节的象征,像《礼记·礼器》中写有"故松柏之有心也……故贯四时而不改柯易叶",大意为松柏经过四季的变换其枝叶也不会凋败,寓意做人不管遇到什么情况,人品都不应改变。从这副门联我们可以窥探到宅院主人对于高尚品格的追求与重视。

▲ 宣武区棉花五条9号

瑞日芝兰光甲第 春风棠棣振家声

门联大意为子弟有才华可以光耀门庭，兄弟和睦可以振兴家庭名声。

《荀子·王制》有"其民之亲我欢若父母，好我芳若芝兰"之语，《孔子家语》中提到芝兰"生于深林，不以无人而不芳"，可以看出芝兰用来比喻君子美德，后来也引申为德才兼备的弟子。

棠棣，也作常棣、唐棣，比喻兄弟。《诗·小雅·常棣》篇讲述的就是兄弟应该互相友爱的故事，"棠棣之华，鄂不韡韡，凡今之人，莫如兄弟"。后来用常棣来指兄弟。

门栏生喜气 山水有清音

家门生长出喜气，山水中自有美妙的音乐。

"山水有清音"一句出自西晋著名文学家左思所做的《招隐二首》其一："非必丝与竹，山水有清音。"意为不需要丝竹乐器的演奏，山水之间自有美妙的自然之音让人欣赏。

▲ 宣武区铁树斜街77号

▲ 崇文区长巷三条21号

回 松柏有古性 龙鸾炳文章

松柏像古代先贤的品格,华美的文章如龙与凤。

"龙鸾炳文章"语出李白的《留别于十一兄逖裴十三游塞垣》中"裴生览千古,龙鸾炳文章"。这句诗中将龙鸾比喻为华美的文章,也将龙鸾比喻为贤士。

回 松柏有古性 瑾瑜发奇光

松柏像古代先贤的品格,美玉散发着光辉。

瑾瑜,美玉名,泛指美玉。《说文解字》中说"瑾瑜,美玉也",后来比喻美德贤才。陶渊明在《读〈山海经〉》十三首其四中写道:"丹木生何许?乃在峚山阳。黄花复朱实,食之寿命长。白玉凝素液,瑾瑜发奇光。岂伊君子宝,见重我轩黄。"

▲ 西城区南官房胡同43号

▲ 西城区中毛家湾53号

回 高才食旧德 流藻垂华芬

才智过人的人不会忘记往日的恩德,通过文章让美好的德行流传千古。

上半句语出苏轼的《阅世亭诗赠任仲微》:"高才食旧德,但恐里门窄。"旧德就是指往日的恩德。

下半句"流藻垂华芬"语出曹植的《薤露行》,流藻是诗人的自谦,谦称自己写的文章,华芳为华美芬芳之意,喻指文采,也指美好的德行。

▲ 崇文区北芦草园胡同46号

二 诗书敦夙好

回 忠厚传家久 诗书继世长

这是门联当中应用最为广泛的一副。"忠"是"忠心","厚"是厚道,不刻薄。"忠厚"是一种品德,自古忠厚就是中华民族优良的传统。品德让人立得住身,忠厚这种品德要代代相传。

"诗书"是一种涵养,古话有云"书中自有黄金屋,书中自有颜如玉",读书让人见识更广,走得更远,更能陶冶一个人的情操。

▲ 宣武区粉房琉璃街97号

▲ 崇文区青云胡同4号

▲ 东城区交道口北头条61号

回 为善最乐 读书便佳

上联"为善最乐"出自南朝宋范晔《后汉书·东平宪王苍传》："帝每巡狩，苍常留都。寻上疏辞归。帝赏问'处家何等最乐？'苍答言：'为善最乐。'帝以其言至大。"东平宪王刘苍，东汉藩王，谥号宪。这个典故讲的是刘苍自幼爱好读书，且博学多才，辅助皇帝，位三公之上，声望颇高，因此刘苍内心非常不安，多次向皇帝请辞。皇帝问他在家中做什么最快乐？刘苍回答做好事最快乐，皇帝认为刘苍所言是大道理。

下联"读书便佳"是对上联"为善最乐"的补充，简单明了地指出读书就是好事。中国人自古就崇尚读书，因此才流传下来许多劝诫激励大家勤勉治学的诗句，老北京门联中讲究读书的门联十分常见。

▲ 宣武区粉房琉璃街65号

回 诗书敦夙好 礼乐彦群英

该副对联大意为读诗书可以加深平素志趣，学习礼乐可以让人增加才学。

"诗书敦夙好"语出晋代陶渊明所做《辛丑岁七月赴假还江陵夜行涂口》："闲居三十载，遂与尘事冥。诗书敦夙好，林园无世情。"后两句大意为读诗书加深平生志趣，山野乡村绝无俗情。敦，本意为厚之意，这里引申为动词。

"礼乐彦群英"来自李白《留别金陵诸公》中的诗句"至今秦淮间，礼乐秀群英"。这副对联将"秀"改为"彦"，"彦"指有才学的人。该副对联前后两句相对，形成"诗书礼乐"一词，这一词语又是儒家经典的统称，即《诗经》《尚书》《礼记》《乐经》《周易》《春秋》。《诗经》教人温柔敦厚，《尚书》教人疏通知远，《礼记》教人恭俭庄敬，《乐经》教人广博易良，《周易》教人洁静精微，《春秋》教人属辞比事。

由此可见宅院主人对于读书的重视。

▲ 崇文区高营南横巷2号

🔲 勤襄国用研周礼 克振家声读鲁论

研究周礼才能为国家尽力，阅读鲁论才能够振兴家庭的名声。

周礼，儒家经典，它记载了先秦时期汉族社会政治、经济、文化、风俗、礼法等诸多制度，《周礼》所记载的礼的体系最为系统，既有祭祀、朝觐、封国、巡狩、丧葬等国家大典，也有如用鼎制度、乐悬制度、车骑制度、服饰制度等具体规制，还有各种礼器的等级、组合、形制、度数的记载。后朝基本沿袭了周礼制度，只略做修改。

鲁论，《论语》的传本之一，即《鲁论语》，相传为鲁人所做。《三字经》当中有云："赵中令，读鲁论。彼既仕，学且勤。"意思是宋朝赵中令赵普虽官居高位仍阅读鲁论，不忘记勤奋学习。

由此可见，该户人家想必是一户遵从孔孟之道的书香门第。

▲ 西城区翠花湾13号

🔲 笔花飞舞将军第 槐树森荣宰相家

这副门联的含义是希冀自己家族子孙能够光耀门楣，位极人臣。

笔花，妙笔生花之意，比喻才思俊逸，文笔优美。关于妙笔生花的故事有多个不同版本，其中最为著名的要数诗仙李太白的故事了。五代王仁裕在《开元天宝遗事·梦笔头生花》记载，李白少年时梦见笔头生花，从此才华横溢，名闻天下。

槐树这一形象在中国传统文化当中有着深刻的象征意义。《周礼·秋官》上说："面三槐，三公位焉。"古代朝廷种三槐九棘，公卿大夫坐于其下，面对三槐者为三公，面对九棘者为九卿，因此槐树被认为是禄的代表。此门联两句连在一起，表达了对于功成名就、官居高位的企盼。

▲ 宣武区西河沿街152号

回 礼乐百年承燕翼 诗书千载荷龙光

一直秉承礼乐文道能够惠及子孙，常年累月地熟读诗书能够获得皇帝的恩宠。

礼乐文明在数千年的中华文明发展史上产生了重大而深远的影响，是古代文明的重要组成部分，知礼乐能提升人的道德情操。

燕翼，惠及子孙之意。《诗·大雅·文王有声》："武王岂不仕，诒厥孙谋，以燕翼子。"毛传："燕，安；翼，敬也。"孔颖达疏："思得泽及后人，故遗传其所以顺天下之谋，以安敬事之子孙。"陈奂传疏："诒，遗也。"后来"燕翼"指擅为子孙后代谋划。

荷，四声，承载之意。龙光，指非凡的光辉、才华，还指皇帝给予的恩宠。

▲ 西城区西松树胡同19号

三 圣宠皇恩厚

回 国恩家庆 人寿年丰

皇恩浩荡是家里的福气，由此人也长寿了，年成也好了。这副对联一般都是应用在官宦人家。

▲ 宣武区北大吉巷27号

🔲 圣德醍醐天宠渥 皇言纶綍国恩多

该副对联反映出主人感念皇恩浩荡，对于能够获得皇宠的感恩之情，想必这副对联一定是应用在当朝为官并且深受皇帝倚重的官员家中。

醍醐，《本草纲目》记载，"酥上如油者为醍醐"，甚甘美。纶綍语出《礼记·缁衣》："王言如丝，其出如纶。王言如纶，其出如綍。"后来称皇帝的诏令为"纶綍"。

▲ 宣武区香炉营头条3号

🔲 天临华盖星辰近 地接蓬壶雨露深

华盖即为华盖星。《晋书·天文志》："大帝上九星曰华盖，盖下九星曰杠，盖之柄也。"《卦辞》上说："华盖星甲木，阳木，主孤高，有科名、文章、威仪，入命身宫，宜僧道不宜凡俗。" 蓬壶即蓬莱，传说中的海外仙山。雨露，即为恩泽。

这副对联表达出对皇恩浩荡的感激之情。

▲ 崇文区草厂四条36号

▲ 宣武区佘家胡同13号

▲ 东城区净土胡同20号

回 恩泽北阙 庆洽南陔

恩泽一词语出《逸周书·时训》"大雨不行时，国无恩泽"，指的是帝王或朝廷赐给臣民的恩惠。北阙的本意是古代宫殿北面的门楼，是臣子等候朝见或上书奏事之处，这里引申为宫禁或朝廷之意。洽，周遍之意，庆洽为吉庆周遍。南陔，本为《诗经》中的篇名《诗·小雅·南陔序》，"《南陔》，孝子相戒以养也"，这里用来代表奉养和孝敬双亲。

因此，该副对联的含义是劝诫为人臣子要时刻记得皇帝赐给的恩惠，为人子女一定要好好侍奉双亲。

▲ 崇文区草厂六条12号

恩承湛露垂家庆 瑞应卿云蔚国华

受到帝王的恩泽是家中的喜事，时世清平是国家的光荣。

湛露，象征着王之恩泽，典出于《诗经·小雅》中的《湛露》，讲述的是贵族举行宴会，互相赞扬的场景："湛湛露斯，匪阳不晞。厌厌夜饮，不醉无归。湛湛露斯，在彼丰草。厌厌夜饮，在宗载考。湛湛露斯，在彼杞棘。显允君子，莫不令德。其桐其椅，其实离离。岂弟君子，莫不令仪。"家庆，指家中的喜庆之事。南朝徐陵《陈文皇帝哀册文》中有云："我皇诞圣，应此家庆。"

瑞应，古代以为帝王修德，时世清平，天就降祥瑞以应之，谓之瑞应。诸多记载中都提到"瑞应"，如《史记·孝武本纪》："其后，天子苑有白鹿，以其皮为币，以发瑞应，造白金焉。"《西京杂记》卷三："瑞者，宝也，信也。天以宝为信，应人之德，故曰瑞应。"《后汉书·百官志二》："太史令一人……凡国有瑞应、灾异，掌记之。"宋代周密《齐东野语·祥瑞》："草木鸟兽之珍不可一二数，一时君臣称颂，祥瑞盖无虚月，然……邦国丧乱，父子迁播，所谓瑞应又如此也。"明代陶宗仪《辍耕录·传国玺》："又宝玺之出，正当皇元圣天子六合一统之时，宫车晚出之近朝，以见天心正为继体之君设也，此瑞应之兆二也。"卿云，司庆云，是祥瑞的象征。《史记·天官书》记载："若烟非烟，若云非云，郁郁纷纷，萧索轮囷，是谓卿云。卿云，喜气也。"国华，国家的光荣。

这也是一副感念皇恩，赞叹盛世气象的门联。

▲ 宣武区甘井胡同6号

圣代即今多雨露 诸君何以答升平

前半句"圣代即今多雨露"出自唐代高适所做的《送李少府贬峡中王少府贬长沙》："嗟君此别意何如，驻马衔杯问谪居。巫峡啼猿数行泪，衡阳归雁几封书。青枫江上秋帆远，白帝城边古木疏。圣代即今多雨露，暂时分手莫踌躇。"从诗名就可以看出，这首诗是高适在送别两位被贬官的朋友时所做的。最后一句是诗人对两位友人的宽慰，意为在如今的盛世，朝廷的恩泽有如雨露普降。

后半句"诸君何以答升平"语出唐代杜甫的《诸将五首·其二》："韩公本意筑三城，拟绝天骄拔汉旌。岂谓尽烦回纥马，翻然远救朔方兵。胡来不觉潼关隘，龙起犹闻晋水清。独使至尊忧社稷，诸君何以答升平。"该诗指责武将们在对突厥的战事上所犯的种种失误，使陛下忧心。

两句合在一起，表达了歌颂世道太平、勉励自强不息以报盛世的感情。

▲ 西城区护国寺街75号

海岳君亲寿 莺花天地春

愿帝王和父母像高山和大海一样长寿，愿天与地像春日的景色一样常春。

莺花，莺啼花开，泛指春日景色。宋代杨万里的《丙申岁朝》有云："仙家风土闲中是，岁后莺花报早无。"唐代杜甫《陪李梓州等四使君登惠义寺》中有云："兄弟多年别，莺花故国思。"

这副门联体现出了中国人敬畏天地、孝亲顺长的价值取向，其实简单概括起来无非就是"天地君亲师"五个字，这五个字体现了中国人的价值观，也体现出了儒家思想对于中国人精神世界的深刻影响。

▲ 崇文区香串胡同25号

四 家声美名扬

回 河内家声远 山阴世泽长

这副门联表达了宅院主人希冀家族人才辈出、美德绵长的意愿。

回 里有仁风春色溥 家余德泽吉星临

亲族盛行仁爱之风好像春色满庭，家庭秉持德行则吉星临门。"里"，五家为邻，五邻为里。溥，遍敷，普遍之意。

回 家吉征祥瑞 居安享太平

家庭和善祥瑞才能到临，居住安定才能享受太平。这是对家庭和睦和善、生活安定的期许。

▲ 崇文区长巷头条70号

▲ 崇文区长巷二条13号

▲ 崇文区西打磨厂街45号

五 福寿祥瑞到

回 云霞呈瑞 梅柳生辉

彩霞呈祥，梅花开放，柳枝吐芽。

梅柳，即为梅与柳，常并称。晋代陶潜《蜡日》中说："梅柳夹门植，一条有佳花。"唐代杜审言的《和晋陵丞早春游望》中说："云霞出海曙，梅柳度江春。"梅花开放，柳枝吐芽，寓意春天即将来临。

回 三阳从地起 五福自天来

这是一副民间广为应用的门联。三阳代表春天的来临，五福是好运和幸福的体现。这是一种对全家的美好祝愿，祝愿新的一年全家人幸福安康。

▲ 东城区东四十四条106号

▲ 崇文区珠市口东大街235号

回 登仁寿域 纳福禄林

仁寿为有仁德者长寿之意,语出《论语·雍也》:"知者动,仁者静,知者乐,仁者寿。"孔子这里所说的"知者"和"仁者"是有修养的"君子",他希望人们都能做到"知"和"仁",具备这些品德。

登取上、升意,由低处到高处。域指疆界,境界。纳是入的意思。福禄是幸福与爵禄。林指聚集在一起的同类的人或事物。

▲ 崇文区草厂七条9号

回 晋砖五鹿宜子孙 汉洗双鱼大吉羊

该副门联祈愿的是自己的家族子孙吉祥幸福,福禄双全。

晋砖为何并没有明确的说法,清代涞水诗人赵文濂写过一首名为《汉洗双鱼歌》的诗,其中这样写道:"古瓷二洗出土中,上绘鱼形与物耀。一洗色单一洗双,古色斑斓土花错……晋砖五鹿尚未详,遗文尚需广搜索。"根据下半句的"汉洗"推测这里"晋砖"应该是秦砖汉瓦,秦砖和汉瓦代表了我国古代建筑的辉煌,不论从质量和纹饰方面都达到了一个顶峰,纹饰主要有植物纹、动物纹等,而鹿纹是其中主要的一种纹饰。鹿为仙兽,是长寿的象征,我国古代神话当中寿星经常同鹿、鹤、仙桃等同时出现;"鹿"又与"禄"同音,象征高官厚禄。又长寿又有高官厚禄,这是许多人毕生的追求和向往。"五"与"福"音近,因此五鹿就是福禄。而"五"这个数字在中国传统文化中还有着其自身深刻的文化内涵,我国古人将数字分为阴阳两种,基数为阳,偶数为阴,九为阳之最,五在阳数中居中,因此有调和之意,代表了阴阳平衡、万物和谐之意。因此,门联前半句表达了希望子孙后代福禄双全的意思。

汉代笔洗底部有一对鱼形图,因"鱼"与"余"谐音,鱼被赋予了富裕、吉祥之意,我国传统吉祥图案中经常会出现以鱼为主题的内容,代表着"连年有余""吉庆有余"。"双"就是一对之意,讲究的就是成对,好事越多越好。"大吉羊"就是大吉祥之意,《说文解字》中说:"羊,祥也。"

▲ 崇文区锦绣巷15号

六 太平盛世临

回 黄龙驾云腾沧海 紫凤娇翎凌清霄

黄龙,传说中的神兽,紫凤,传说中的神鸟,常用来象征祥瑞,是天下太平的象征。黄龙与紫凤皆为祥瑞之兆,此门联有祈求天下太平之意。

回 和风甘雨 景星庆云

吹起柔风,下起甘雨,德星和五彩云出现。

景星是德星,常现于有道之国,《史记·天官书》有云:"天晴而见景星。景星者,德星也。"庆云指五色云,祥瑞之云。门联中所提及的四种事物都是盛世来临的祥瑞之兆,这副对联是对太平盛世的歌颂和期许。

▲ 宣武区粉房琉璃街83号

▲ 西城区宫门口横胡同1号

回 敷天箕福 寰海镜清

普天之下像簸箕一样装满福气,四海之内清明得像镜子一样。

敷,展开的意思,引申为普遍,"敷天"即为普天之下之意。箕福,像簸箕一样装满福气。寰海,海内,全国。镜清,像镜面一样洁净。由此可见这副门联歌颂的是天下清明太平。

回 万象晓归仁寿镜 五云晴护吉祥花

这副对联的大意为世间万物归于平安,祥云护佑世间吉祥。

该副对联前半句"万象晓归仁寿镜"引用的是唐代诗人温庭筠所做的《上翰林萧舍人诗》:"万象晚归仁寿镜,百花春隔景阳钟。"故宫储秀宫东配殿养和殿前檐下就悬挂着以该诗句为内容的对联。"万象"指的是宇宙内外一切事物,"仁寿镜"指的是晋代都城洛阳仁寿殿之镜。晋代陆机在《与弟云书》中写道:"仁寿殿前,有大方铜镜,高五尺余,广三尺二寸,立著庭中,向之便写人形体,了了,亦怪事也。"大概意思就是说仁寿殿前,有一方铜镜,高有五尺多,宽有三尺二寸,立在皇宫中,面对着它就能显示出人的形体,而且非常清楚,是个怪事。因为"仁寿镜"立于宫中,后来就引申为祛凶镇邪、保平安之意。

后半句"五云晴护吉祥花"中的"五云晴护"来源于明宣宗所做《百花诗》:"五云晴护蓬莱岛,七彩缤纷动瑶草,凭高一览六合开,万象呈明春意好。"五云指五色祥云,是吉祥的象征,也指皇帝的所在地。而该副对联当中改用"吉祥花","吉祥花"指的是佛教当中的四种吉花,分别是莲花、优昙钵花、曼陀罗花、山玉兰花。两句联合起来表达了宅院主人期盼太平盛世、吉祥安康的用意。

▲ 东城区东四八条南板桥胡同9号

▲ 崇文区长巷三条41号

回 共享升平福 和沾乐利恩

一起享受国家太平带来的福气，共同均沾皇帝所给予的幸福生活的恩泽。

升平即是太平的意思，颜师古曰："民有三年之储曰升平。"意思就是百姓有三年的储备就可以称之为升平了。乐利一词语出《礼记·大学》："小人乐其乐而利其利。"东汉的郑玄为其做解释为："圣人既有亲贤之德，其政又有乐利于民。"意思是皇帝要有亲近贤才的德行，他所施的政事又要让百姓得到快乐和利益，即幸福。

▲ 西城区西铁匠胡同46号

七 事业家财丰

回 万间厦广 义内财丰

屋有万间才叫大，钱财取之有道才能称为真正的多。门联下半句明确点明了这副门联的主旨，君子爱财取之有道，不能赚不义之财。

▲ 西城区兵部洼胡同61号

回 经营昭世界 事业震寰球

通过门联所处地址和该副门联内容可以推测此宅为商人居所。北京城城门有"内九、外七、皇城四"的说法，每一座城门都有其特定的用途，比如安定门是军队出征之门，德胜门是军队得胜班师回朝之门，崇文门也叫哈德门，是税门。老北京有句俗话叫"东富西贵"，大运河修成后，运输到京城的货物从大运河终点通州运送至北京城，所经过的城门就是崇文门，因此为了收取货物的方便，在崇文门附近居住有大量经商的人家，这些商人通过经营往往拥有大量家产，因此"东富"一说由此而来。通过这副门联可以窥探到主人对于自身经营发展的宏伟愿望，也是对自己的一个激励。

▲ 崇文区长巷头条58号

八 其他

回 古国文明盛 新民进化多

这副门联所书的并不是传统老门联的内容，而是极富民国时期的时代特色。"新民"二字取自《尚书·康诰》"作新民"，意为激励民众自新。从孙中山先生提出"唤起民众"的口号，到严复的"鼓民力、开民智、新民德"论，到梁启超的"新民说"，再到陈独秀的"救国新民"主张，都是希望民众通过教育，脱离旧思想，从而振兴中国。

▲ 崇文区草厂八条25号

写在后面

什么是四合院建筑文物呢？简单地说，就是指直接或间接应用于四合院的建筑构件或饰件，包括门墩、砖雕、石敢当、隔扇、楹联大门、地沟门、垂花门木雕、雀替等。北京四合院的建筑文物，构成老北京民俗中的一亮丽风景线。

从业在文博界，如果不关注所生所长土地上的文物，尤其是与生活密切相关的文物，心中总是有一种不接地气的感觉。北京古代建筑博物馆按照这个逻辑关注北京四合院的建筑文物，也就顺理成章了。恰好，我就是关注者之一，没有什么雄心壮志，只有对职业的负责，感觉这是我该做的而已。

20世纪90年代，是北京城大改大建的岁月，古老的城市经历着更换形象的历程，"危旧房改造"成为主题，住进楼房成为昔日生活在大杂院的百姓的期盼。这座城市昔日的老物件，也消失得悄然无息。

幸好，文博界没有对此置若罔闻，进行了四合院建筑文物的抢救性收留和记录。收留的物件，就是留下了曾经的辉煌，因而历史没有失却可以承载人文的物质依托。

不少人士对于这场抢救历史文化遗存的行动给与了各种帮助支持，有政策上的帮助，有鼓励的，使我有了坚持的动力。20世纪90年代后半期走街串巷时拍的不少照片，成为今日成书的关键素材积累，而也正是当年的积累和日后的研究，形成了对北京四合院建筑文物的系统认识，得出了个人的结论。以后的日子里，我利用一些外出考察机会，对全国一些省份尤其是近京地区进行考察，比对、核实了形成的观点，写下了一些文字，成为此书内容的一部分。在此基础上，对四合院建筑文物又加入民俗内涵的阐释，是为此书的成型。

为了锻炼文博界新生力量，本书的写作引入了我的一位新晋同事参与。温思琦虽是古建馆的"后生",但在基层博物馆已有近7年文博工作的实践经验,对北京老城区有着相当的感情,还具有四合院建筑文物抢救性保护工作的经历,这在当代年轻人中难能可贵。这样的工作经历,为她的文字写作提供了重要的感性认识基础,减少了不接地气的空洞,也符合我对年轻同事专业要求的核心理念:没有实践,不要奢谈理论。通过写作的过程,加速人才的锻炼与培养,对个人更是一次专业知识的历练。

我们的分工是:"北京旧城四合院建筑文物概论"和"石质文物:门墩、石敢当"中的"石敢当"部分,由我撰写,其余由温思琦撰写。文章依据的理论架构,依靠我本人于2007年结题的北京市文物局局级课题"北京城四区旧城范围内四合院建筑类文物资源的调查与研究"得出的结论(该课题当年得到北京市文物局的高度肯定,被称为填补了市文物局业务工作的一项空白)。

感谢当年积极促进课题申报立项工作的文物局同僚,感谢曾经鼓励我坚持的人们,没有你们当年的鼓励,我不可能面对非议,而今天的这本书也就可能是乌有,那样就真的要愧对文博职业的历史责任了。

北京古代建筑博物馆 董绍鹏

2015年3月